Das ultimative Fußball Quiz

für Jung und Alt

Teste dein Wissen in 333 Fragen

Julian Erbs

© 2021 Nucleo
Edition 2.0.1B

Autor:
Julian Erbs

Verlag:
Nucleo – ein Label der
my dna media GmbH
Ohmstr. 53
60486 Frankfurt am Main

ISBN:
978-3-98561-003-7

Druck:
Libri Plureos GmbH
Friedensallee 273
22763 Hamburg

Dieses Werk, einschließlich seiner Teile, ist urheberrechtlich geschützt. Jede Verwertung ohne Zustimmung des Verlages und des Autors ist unzulässig. Dies gilt insbesondere für die elektronische oder sonstige Vervielfältigung, Übersetzung, Verbreitung und öffentliche Zugänglichmachung.

Fragen, Anregungen, Feedback?

Schreibe uns an **info@nucleo-verlag.de** oder besuche uns im Web auf **nucleo-verlag.de**

So wird gespielt

Herzlich willkommen zum ultimativen Fußball-Quiz für Jung und Alt! Mit den nächsten 333 Fragen rund um das Thema Fußball kannst du beweisen, dass du der Alleswisser bist, wenn es sich um das runde Leder dreht.

Dieses Quiz-Buch kannst du selbstverständlich allein nutzen, aber besonders viel Spaß wirst du haben, wenn du gegen Freunde antrittst.

Spielvorschlag für Solo-Quizzer

Wie viele Fragen schaffst du, direkt hintereinander richtig zu beantworten? Quizze dich nacheinander durch die Fragen. Sobald du bei einer Antwort mal daneben liegst, ist die Runde beendet.

Notiere dir hier, wie viele Fragen du in einem Lauf richtig beantwortet konntest.

Aktueller Höchstpunktestand in einem Lauf:

Kannst du deinen eigenen Rekord in weiteren Runden brechen?

Spielvorschlag für Gruppen

Schnappt euch ein paar Blätter Papier. Jeder Spieler bastelt sich drei Zettel mit je einem Buchstaben: A, B, C.

Der jüngste Spieler ist der erste Spielleiter. Er stellt die Frage und nennt die drei Antwortmöglichkeiten.

Jeder Spieler (auch der Spielleiter) legt verdeckt den Zettel mit dem seiner Meinung nach richtigen Lösungsbuchstaben vor sich hin. Haben alle eine Lösung getippt, wird aufgedeckt und die richtige Antwort vom Spielleiter vorgetragen.

Notiert euch auf einem weiteren Zettel per Strichliste, wer eine Antwort richtig hatte. Nach jeder Frage wechselt der Spielleiter im Uhrzeigersinn.

Quizzt solange ihr möchtet. Am Ende zählt ihr die richtigen Antworten zusammen und habt einen Fußball-Quiz-Champion.

001　Grundlagen & Regeln

Wie viele Gäste des „Aktuellen Sportstudio" haben es geschafft, sechs von sechs Schüssen an der berühmten Torwand zu verwandeln?

 Keiner

 2

 4

002　Spieler

Wer war bisher der einzige deutsche Weltfußballer?

 Manuel Neuer

 Lothar Matthäus

 Thomas Müller

003　Grundlagen & Regeln

Nach wie vielen Gelben Karten wird man in der Bundesliga für ein Spiel gesperrt?

 1

 5

 10

Lösungen auf Seite 152

004 Fußball-Spezial
Wie hieß der WM-Ball 2014?

 Brazilla

 Brasamba

 Brazuca

005 Spieler
Seit der Saison 2003/04 trägt Cristiano Ronaldo traditionell die Rückennummer Sieben. Welche Rückennummer war die einzige, die er neben der Sieben trug?

 9

 10

 11

006 Stadien
Auf wie viel Metern Höhe liegt das höchste Stadion, in dem Profi-Fußball gespielt wird?

 3.469 Meter

 3.890 Meter

 4.090 Meter

007 Schiedsrichter

Warum pfiff Wolf-Dieter Ahlenfelder am 8. November 1975 beim Spiel zwischen Werder Bremen und Hannover 96 bereits nach 32 Minuten zur Halbzeit?

 Weil er dringend auf Toilette musste

 Weil er nach Hause fahren musste, da ihm seine Pfeife kaputtgegangen war

 Weil er stark angetrunken war

008 Fußball-Spezial

Wie lange dauert die Winterpause in der ukrainischen Liga?

 Es gibt keine Winterpause

 3 Monate

 6 Monate

009 Grundlagen & Regeln

Wie breit darf die Torlinie höchstens sein?

 8 cm

 10 cm

 12 cm

Lösungen auf Seite 152

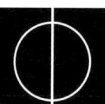 **010** Vereine & Verbände

Wo liegt der Verein Go Ahead Eagles?

 Australien

 USA

 Niederlande

011 Spieler

Wer prägte den Begriff einer Schutzschwalbe?

 Andreas Möller

 Arjen Robben

 Gerd Müller

 **012** Spieler

Wer war der erste Ghanaer, der die Champions League gewann?

 Abédi Pelé

 Michael Essien

 Sulley Muntari

013 — Wer hat's gesagt?

„Im Kölner Stadion ist immer so eine super Stimmung, da stört eigentlich nur die Mannschaft."

 A Udo Lattek

 B Rudi Völler

 C Uli Hoeneß

Lösung auf der nächsten Seite

Antwort A

Udo Lattek bekam für diese Aussage sogar die Auszeichnung für den besten Fußballspruch 2010 von der Deutschen Akademie für Fußball-Kultur verliehen.

014 | Grundlagen & Regeln

Wie groß muss der Abstand laut offiziellen Richtlinien zwischen den beiden Torpfosten sein?

 7,23 Meter

 7,32 Meter

 8,69 Meter

015 | Schiedsrichter

Wie viel Euro verdient ein Schiedsrichter pro Bundesliga-Partie?

 2.500 Euro

 5.000 Euro

 7.500 Euro

016 | Rekorde

Wer hat die meisten Tore in Pflichtspielen für den FC Bayern München erzielt (Stand 2022)?

 Robert Lewandowski

 Thomas Müller

 Gerd Müller

Lösungen auf Seite 153

017 Spieler

Franck Ribéry konvertierte für seine Frau zum Islam. Wie lautet sein muslimischer Name?

 Hakim

 Ibrahim

 Bilal

018 Vereine & Verbände

Wie heißt das Maskottchen von Schalke 04?

 Erwin

 Elias

 Emil

019 Nationalmannschaften & Turniere

Wie alt war der jüngste Spieler der Startelf im ersten Spiel der DFB-Auswahl am 5. April 1908?

 13

 15

 17

020 Fußball-Spezial

Wie lange ging der Fußball-Film „Deutschland. Ein Sommermärchen"?

 110 Minuten

 130 Minuten

 150 Minuten

021 Nationalmannschaften & Turniere

Wie viele Ehrenspielführer hat die deutsche Nationalmannschaft?

 1

 3

 6

022 Grundlagen & Regeln

Wie viele Spieler dürfen beim Beachsoccer maximal nach FIFA-Richtlinien auf dem Platz stehen?

 5

 7

 9

023 Rekorde

Wer hat die meisten Tore in Pflichtspielen für den FC Arsenal erzielt (Stand 2022)?

 Thierry Henry

 Ian Wright

 Robin van Persie

024 Fußball-Spezial

Wie viele Liter Fassungsvermögen hat der DFB-Pokal?

 8 Liter

 16 Liter

 32 Liter

025 Vereine & Verbände

Wo liegt der Verein FC Kiffen 08?

 Niederlande

 Finnland

 Jamaika

Lösungen auf Seite 154

026 Nationalmannschaften & Turniere

Welcher Spieler schoss das schnellste Tor der EM-Geschichte?

- **A** David Villa für Spanien nach 55 Sekunden bei der EM 2008
- **B** Dmitri Kirichenko für Russland nach 67 Sekunden bei der EM 2004
- **C** Mario Gomez für Deutschland nach 92 Sekunden bei der EM 2012

027 Nationalmannschaften & Turniere

Was ist der Negativrekord an Zuschauern bei einem WM-Spiel?

- **A** 300
- **B** 1.000
- **C** 10.000

028 Spieler

Wie viele Gelbe Karten sammelte Stefan Effenberg in seiner Bundesliga-Karriere und hält den Rekord?

- **A** 90
- **B** 100
- **C** 110

029 Trainer

Wie alt war der jüngste Trainer der Bundesliga-Geschichte?

 25 Jahre und 205 Tage

 28 Jahre und 205 Tage

 31 Jahre und 205 Tage

030 Rekorde

Wer hat die meisten Tore in Pflichtspielen für Bayer 04 Leverkusen erzielt (Stand 2022)?

 Stefan Kießling

 Dimitar Berbatov

 Ulf Kirsten

031 Spieler

Wie viel Geld musste Marco Reus 2015 bezahlen, nachdem er ohne Führerschein erwischt wurde?

 54.000 Euro

 540.000 Euro

 5.400.000 Euro

032　Skurril

Warum kassierte Lee Todd bereits nach zwei Sekunden die schnellste Rote Karte der Fußballgeschichte?

A Er zeigte dem Schiedsrichter nach Anstoßpfiff den Mittelfinger

B Er brüllte nach dem Anpfiff: „F**k mich, das war laut!"

C Er warf seinen Schuh in Richtung gegnerischer Ersatzbank

Lösung auf der nächsten Seite

Antwort B

Er brüllte nach dem Anpfiff:
„F**k mich, das war laut!".
Dem Schiedsrichter gefiel die Wortwahl nicht und er schickte ihn unter die Dusche.

033 | Nationalmannschaften & Turniere

Bei welcher Weltmeisterschaft feierte das Elfmeterschießen Premiere zur Ermittlung des Siegers?

 WM 1974

 WM 1978

 WM 1982

034 | Spieler

Wie heißt der erste Spieler, der dreimal in Folge Europas Fußballer des Jahres wurde?

 Lionel Messi

 Michel Platini

 Cristiano Ronaldo

035 | Vereine & Verbände

Welcher Verein ist Rekordmeister in der Serie A, der höchsten italienischen Spielklasse?

 Juventus Turin

 AC Mailand

 Inter Mailand

036 Spieler

Nach wie vielen Sekunden flog der Frankfurter Marcel Titsch-Rivero 2010 in seinem zweiten Bundesligaspiel vom Platz und ist somit Rekordhalter für die schnellste Rote Karte der Bundesliga-Geschichte?

 43 Sekunden

 107 Sekunden

 114 Sekunden

037 Vereine & Verbände

Wer hat die meisten Pflichtspieleinsätze für Borussia Dortmund absolviert (Stand 2022)?

 Roman Weidenfeller

 Dedê

 Michael Zorc

038 Spieler

Bei welcher Droge konnte Diego Maradona nicht immer nein sagen?

 Marihuana

 LSD

 Kokain

Lösungen auf Seite 155

039 Fußball-Spezial

Wie hieß der WM-Ball 2010?

 Jabulani

 Bulajani

 Nibulaja

040 Spieler

Was passierte Michael Ballack 2002 fünfmal?

 Ihm unterliefen wettbewerbsübergreifend 5 Eigentore in der Saison 2001/02

 Er erzielte 5 Freistoßtore aus über 30 Metern Entfernung

 Er belegte in 5 Wettbewerben den 2. Platz

041 Vereine & Verbände

Welche deutsche Mannschaft war beim torreichsten Spiel der Champions-League-Geschichte beteiligt?

 FC Bayern München

 VFL Wolfsburg

 Borussia Dortmund

 **Trainer**

Über welche Sportart schrieb Jürgen Klopp seine Diplomarbeit in Sportwissenschaft?

 Boxen

 Fechten

 Walking

043 Vereine & Verbände

Welche zwei Fußball-Clubs sind die einzigen beiden mit lebenden Maskottchen?

 Wolfsburg & Schalke

 Frankfurt & Köln

 Dortmund & Mainz

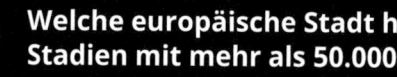

Welche europäische Stadt hat drei moderne Stadien mit mehr als 50.000 Zuschauern?

 Madrid

 Glasgow

 Mailand

045 Spieler

Wer ist der einzige Spieler, der in England, Spanien und Italien die Meisterschaft gewann und Fußballer des Jahres wurde?

 Cristiano Ronaldo

 Thierry Henry

 Sergio Kun Agüero

046 Schiedsrichter

Beim DFB-Pokalfinale am 12. Juni 1993 hatte ein deutscher Schiedsrichter erstmals ein nicht-schwarzes Trikot an. Welche Farbe hatte es?

 Grün

 Rosa

 Blau

047 Rekorde

Wie viel Euro bekamen die deutschen Spieler zum Sieg der WM 2014?

 10.000 Euro

 100.000 Euro

 300.000 Euro

Lösungen auf Seite 156

048 Fußball-Spezial

Unter welchem Namen erschien das erste FIFA-Videospiel?

 FIFA International Soccer

 FIFA Soccer 95

 FIFA 64

049 Stadien

In welchem Stadion steht die größte Stehplatztribüne der Welt?

 Veltins-Arena
(Stadion von Schalke 04)

 Deutsche Bank Park
(Stadion von Eintracht Frankfurt)

 Signal-Iduna-Park
(Stadion von Borussia Dortmund)

050 Nationalmannschaften & Turniere

Wieso nahm Deutschland nicht an der WM 1930 teil?

 Schiffsunglück

 Weltwirtschaftskrise

 Krieg

051 Wer hat's gesagt?

„**Ich grüße meine Mama, meinen Papa und ganz besonders meine Eltern.**"

 Mario Basler

 Matthias Sammer

 Markus Babbel

Lösung auf der nächsten Seite

Antwort A

Mario Basler hat wohl besondere Grüße für seine Eltern ausrichten wollen.

052 Spieler

Welcher Torwart ist der erste, der jemals Weltfußballer wurde?

 A Lew Jaschin

 B Gianluigi Buffon

 C Iker Casillas

053 Vereine & Verbände

Welcher Verein ist Rekordmeister in der Premier League, der höchsten englischen Spielklasse?

 A FC Liverpool

 B FC Chelsea

 C Manchester United

054 Nationalmannschaften & Turniere

Aus welchem Grund wurde der Torwart Uli Stein bei der WM 1986 in Mexiko vorzeitig nach Hause geschickt?

 A Er hatte mehrere Frauen auf dem Zimmer

 B Er wurde beim Kokain-Konsum erwischt

 C Er bezeichnete den Trainer Franz Beckenbauer als Suppenkasper

Lösungen auf Seite 156

055 Trainer

Sir Alex Ferguson war 27 Jahre Trainer bei Manchester United. Er war bekannt dafür, an der Seitenlinie Kaugummi zu kauen. Sein Kaugummi aus seinem letzten Spiel als Manchester-United-Trainer wurde bei Ebay versteigert. Für wie viel Geld wurde er versteigert?

 5.000 Euro

 50.000 Euro

 500.000 Euro

056 Nationalmannschaften & Turniere

Was bekamen die Spieler zum Sieg der WM 1954?

 2.500 DM + Fernseher + Lederkoffer + Motorroller

 10.000 DM + Besteckset

 Mercedes-Benz 300 SL

057 Stadien

Warum hat der SC Freiburg eine Sondergenehmigung für sein Schwarzwald-Stadion?

 Der Platz ist 4,5 Meter zu kurz

 Der Platz ist 4,5 Meter zu lang

 Der Platz ist 4,5 Meter zu breit

058 Fußball-Spezial

Wer sang den offiziellen WM-Song zur WM 2010?

 Rihanna

 Katy Perry

 Shakira

059 Trainer

Warum wurde der brasilianische Trainer Wanderley Luxemburgo im Jahr 2006 für 60 Tage gesperrt?

 Er bot dem Schiedsrichter 50.000 brasilianische Real, damit er das Spiel zu Gunsten seiner Mannschaft pfeift

 Er beschuldigte den Schiedsrichter öffentlich, mit ihm geflirtet zu haben

 Er rannte auf den Platz und grätschte den Stürmer des Gegnerteams um

060 Fußball-Spezial

Welche Bundesländer haben noch nie einen Erstligisten gestellt (Stand 2022)?

 Schleswig-Holstein, Thüringen und Saarland

 Schleswig-Holstein, Thüringen und Sachsen-Anhalt

 Schleswig-Holstein, NRW und Sachsen-Anhalt

061 Grundlagen & Regeln

Was war der Erfinder des Elfmeterschießens von Beruf?

 Arzt

 Fußballfunktionär

 Schiedsrichter

062 Fußball-Spezial

Wie hoch ist der WM-Pokal?

 36,8 cm

 43,6 cm

 57,4 cm

063 Vereine & Verbände

Wie heißt die größte deutsche Stadt, die noch nie einen Bundesligaverein stellte?

 Dresden

 Duisburg

 Bonn

064 Spieler

Wie viele Tore schoss Lionel Messi im Jahr 2012 und stellte somit den Rekord für die meisten Tore in einem Kalenderjahr auf?

 75

 77

 91

065 Schiedsrichter

Wer ist Rekordtitelträger bei der „DFB-Schiedsrichter des Jahres"-Ehrung mit sieben Auszeichnungen?

 Deniz Aytekin

 Dr. Markus Merk

 Dr. Felix Brych

066 Rekorde

Welcher Spieler hat die meisten Einsätze in der obersten englischen Spielklasse, der Premier League?

 Ryan Giggs

 Frank Lampard

 Gareth Barry

Lösungen auf Seite 157 & 158

067 Spieler

Wer schoss einer Sportschau-Abstimmung zufolge das schönste deutsche Tor des 20. Jahrhunderts?

 Miroslav Klose

 Gerd Müller

 Klaus Fischer

068 Rekorde

Was war die größte Entfernung, aus der jemals im Profi-Bereich ein Tor geschossen worden ist?

 85,44 Meter

 96,01 Meter

 100,08 Meter

069 Vereine & Verbände

Wie oft wurde ein Spiel im schottischen Pokalwettbewerb zwischen Falkirk und Inverness Thistle 1979 verschoben?

 9-mal

 29-mal

 49-mal

070 Skurril

Warum ließ sich der Brasilianer Ronaldo bei der WM 2002 ein dreieckiges Haarbüschel wachsen?

A Weil sein Friseur nicht einreisen durfte und er sich selbst frisieren musste

B Weil seine Frau ihn so attraktiver fand

C Weil sein Sohn ihn im Fernsehen mit seinem Teamkollegen Roberto Carlos verwechselte

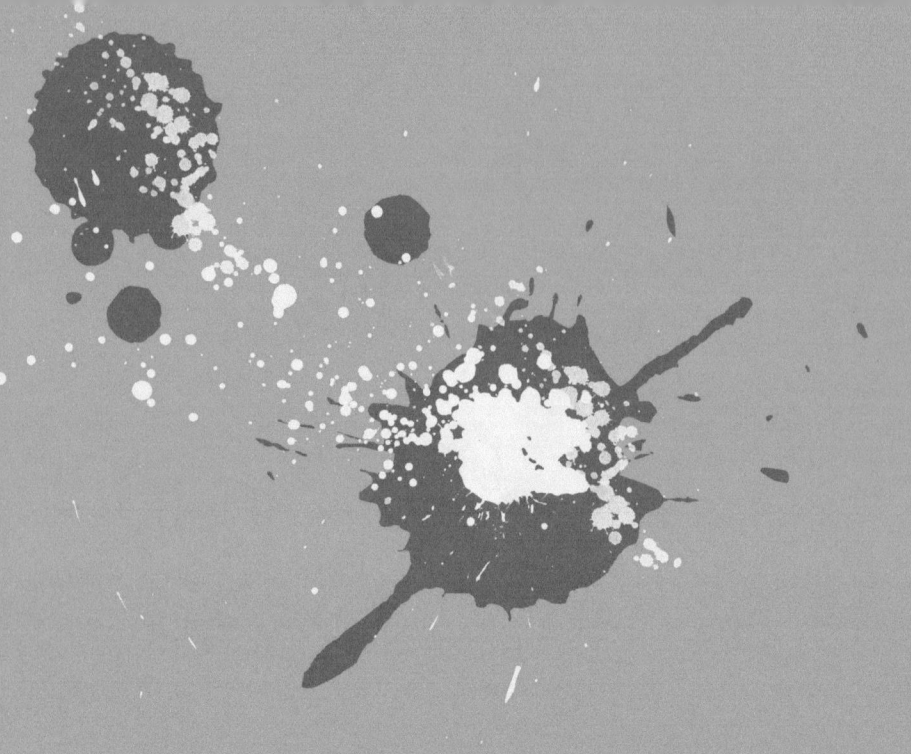

Antwort C

Der brasilianische Ronaldo ließ sich damals ein dreieckiges Haarbüschel wachsen, da sein Sohn ihn mit seinem glatzköpfigen Teamkollegen Roberto Carlos verwechselte.

071 Fußball-Spezial

Wie viele Minuten mussten die beiden Fernsehkommentatoren Marcel Reif und Günther Jauch überbrücken, als vor dem CL-Halbfinale 1998 das Tor umfiel?

 36 Minuten

 56 Minuten

 76 Minuten

072 Nationalmannschaften & Turniere

Wie lang dauerte ein Spiel der ersten Frauen-WM 1991?

 70 Minuten

 80 Minuten

 90 Minuten

073 Rekorde

Wer hat die meisten Tore in Pflichtspielen für den FC Schalke 04 erzielt (Stand 2022)?

 Klaus Fischer

 Klaas-Jan Huntelaar

 Kevin Kuranyi

074 Stadien

Wie viel kostete der Bau der Münchener Allianz Arena?

 34 Millionen Euro

 340 Millionen Euro

 1,4 Milliarden Euro

075 Spieler

Wer ist der einzige Afrikaner, der bisher zum FIFA-Weltfußballer des Jahres gewählt wurde?

 Samuel Eto'o

 Didier Drogba

 George Weah

076 Fußball-Spezial

Welcher ist der größte Einzelsportverband der Welt?

 Real Federación Española de Fútbol
(der spanische Fußballdachverband)

 The Football Association
(der britische Fußballdachverband)

 Der Deutsche Fußball Bund
(der deutsche Fußballdachverband)

077 Fußball-Spezial

Wann erschien das erste Videospiel der Reihe FIFA?

 1990

 1993

 2000

078 Trainer

Welche Berufsausbildung machte Jupp Heynckes?

 Schifffahrtskaufmann

 Stuckateur

 Silberschmied

079 Spieler

Welches Jahr war das einzige, in dem drei deutsche Fußballer die ersten drei Plätze bei der Wahl zu Europas Fußballer des Jahres belegten?

 1972

 1990

 2013

Lösungen auf Seite 159

080 Rekorde

Was gelang dem japanischen Fußballer Masashi Nakayama für den japanischen Fußballclub Jubilo Iwata?

 Er schoss einen Hattrick in vier aufeinanderfolgenden Spielen

 Er schoss ein Fallrückziehertor in vier aufeinanderfolgenden Spielen

 Er schoss ein Tor mit der Hacke in vier aufeinanderfolgenden Spielen

081 Nationalmannschaften & Turniere

Wie viele Doppelpacks schoss der brasilianische Ronaldo bei drei Weltmeisterschaften?

 Keinen

 4

 6

082 Fußball-Spezial

Wer war der erste Trikotsponsor der Bundesliga?

 Jägermeister

 Media-Markt

 Volkswagen

083 Skurril

Welcher Weltstar hat eine Galaxie nach sich benannt bekommen?

 Cristiano Ronaldo

 Ronaldinho

 Diego Maradona

Lösung auf der nächsten Seite

Antwort A

Die Cosmos Redshift 7 Galaxie wurde nach dem portugiesischen Fußballstar Cristiano Ronaldo benannt.

084 Trainer

Wie lange trainierte Guy Roux den AJ Auxerre mit kleinen Unterbrechungen, weil er den Wehrdienst absolvieren musste und zwei Bypässe gesetzt bekam?

 22 Jahre

 33 Jahre

 44 Jahre

085 Stadien

In wie vielen Stadien wurde die WM 1930 gespielt?

 1

 3

 5

086 Trainer

Wer ist der erste Trainer, der das Champions-League-Halbfinale mit fünf verschiedenen Teams erreichen konnte?

 Fabio Capello

 Louis van Gaal

 José Mourinho

Lösungen auf Seite 159

087 Nationalmannschaften & Turniere

Wie hieß das offizielle Maskottchen für die WM 2006 in Deutschland?

 Goleo VI

 Galileo 06

 Galeo

088 Spieler

Wann hat Franz Beckenbauer Geburtstag?

 13. Mai 1945

 11. September 1945

 24. Dezember 1945

089 Vereine & Verbände

Wie lautet der Spitzname für die Mannschaft von Borussia Mönchengladbach?

 Die Esel

 Die Pferde

 Die Fohlen

Lösungen auf Seite 159 & 160

090 Grundlagen & Regeln

Wann wurde das Tornetz offiziell eingeführt?

 1891

 1911

 1931

091 Fußball-Spezial

Welche Stadt ist die erste, die jeweils zwei verschiedene Champions-League-Sieger stellen konnte?

 Mailand

 London

 Madrid

092 Nationalmannschaften & Turniere

Welcher deutsche Spieler verletzte sich im letzten Testspiel vor der WM 2014 gegen Armenien so schwer, dass er seine Teilnahme an dem Turnier in Brasilien absagen musste und so nicht Teil des Weltmeister-Kaders war?

 Marco Reus

 Christoph Kramer

 Mesut Özil

Lösungen auf Seite 160

093 Vereine

Welche drei Vereine sind noch nie aus der spanischen Liga abgestiegen (Stand 2022)?

 Athletic Bilbao, FC Sevilla und Real Madrid

 Atlético Madrid, FC Barcelona und Real Madrid

 Athletic Bilbao, FC Barcelona und Real Madrid

094 Spieler

Welcher Spieler wurde auch Tante Käthe gerufen?

 Rudi Völler

 Berti Vogts

 Oliver Kahn

095 Fußball-Spezial

Wann wurde das bekannte Fußball-Magazin „Kicker" gegründet?

 1920

 1930

 1940

Lösungen auf Seite 160

096 Skurril

Auf was wurde der erste Vertrag von Lionel Messi festgehalten, nachdem er mit 13 Jahren das erste Angebot vom FC Barcelona bekommen hatte?

 Papierserviette

 Speisekarte

 Tischdecke

Lösung auf der nächsten Seite

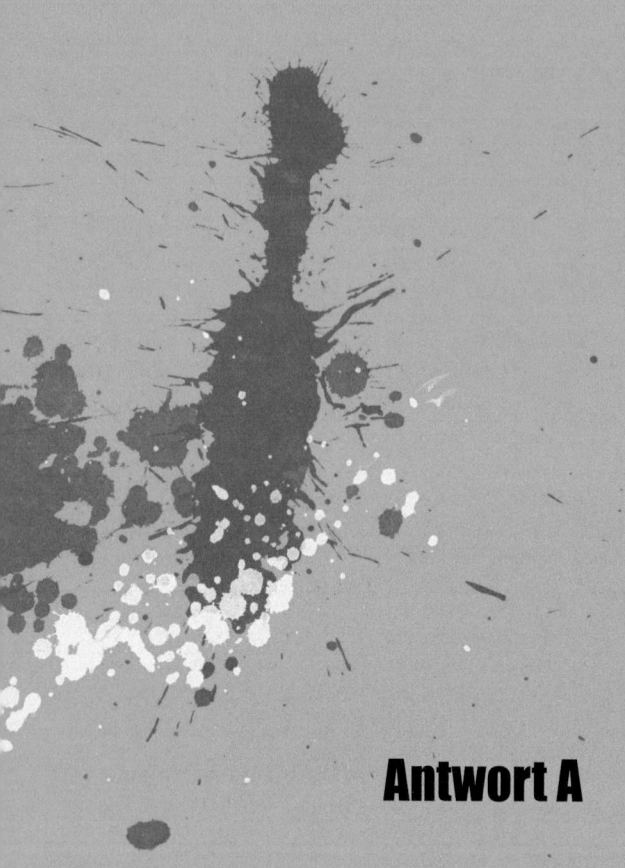

Antwort A

Der erste Vertrag von Lionel Messi wurde am 14. Dezember 2000 in einem Restaurant auf einer Papierserviette abgeschlossen.

097 Nationalmannschaften & Turniere

Wie viele Spiele bestritt das Frauenfußballteam der DDR?

 Es gab kein Frauenfußballteam

 Es gab zwar ein Frauenfußballteam, es trat aber nie zu einem Spiel an

 1

098 Spieler

Von welcher Deutschpop-Band ist Toni Kroos Fan?

 Pur

 Rosenstolz

 Ich + Ich

099 Vereine & Verbände

Wo liegt der Verein Flat Earth FC?

 USA

 Spanien

 Deutschland

100 Trainer

Wo begann Joachim Löw seine Trainerkarriere?

 VFB Stuttgart

 SC Freiburg

 FC Frauenfeld

101 Nationalmannschaften & Turniere

Wer ist der erste Spieler, der beim Debüt in der deutschen Nationalmannschaft vom Platz flog?

 Lukas Podolski

 Ron-Robert Zieler

 Jérôme Boateng

102 Fußball-Spezial

Was kostet ein Sarg mit Vereinswappen des HSV?

 1.222 Euro

 1.899 Euro

 2.333 Euro

103 | Grundlagen & Regeln

Wie viel muss ein Fußball nach FIFA-Richtlinien wiegen?

 Zwischen 410 und 450 Gramm

 Zwischen 450 und 490 Gramm

 Zwischen 490 und 530 Gramm

104 | Rekorde

Wie viele Spiele brauchte der englische Spieler Andy Cole für seine ersten 50 Premier-League-Tore?

 50

 64

 100

105 | Fußball-Spezial

Woher stammt die Fußballhymne „You´ll Never Walk Alone"?

 Aus dem Film „Spiel Mir Das Lied Vom Tod"

 Von Liverpooler Fußballfans

 Aus dem Musical „Carousel"

106 Nationalmannschaften & Turniere

Wann nahmen alle vier britischen Mannschaften (England, Wales, Schottland und Nordirland) an einer WM teil?

 WM 1958

 WM 1978

 WM 2006

107 Spieler

Wie viele Thailänder haben bisher in der Bundesliga gespielt (Stand 2022)?

 Keiner

 1

 14

108 Trainer

Wer ist der einzige Bundestrainer ohne WM-Teilnahme?

 Erich Ribbeck

 Jupp Derwall

 Rudi Völler

109 **Skurril**

Welcher ehemalige deutsche Torwart hatte einen Gastauftritt in der WWE (World Wrestling Entertainment)?

 Oliver Kahn

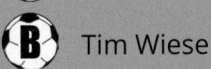 Tim Wiese

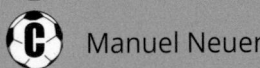 Manuel Neuer

Lösung auf der nächsten Seite

Antwort B

Tim Wiese trat am 3. November 2016 unter dem Kampfnamen The Machine im Rahmen einer WWE-Deutschland-Tour auf.

110 Stadien

Wie lang ist die Bierleitung der Veltins-Arena auf Schalke?

 5,5 Kilometer

 55 Kilometer

 555 Kilometer

111 Nationalmannschaften & Turniere

Wie viel Prozent der Weltmeisterschaften wurden bis 2021 vom Gastgeber gewonnen?

 ca. 8,5 Prozent

 ca. 28,5 Prozent

 ca. 48,5 Prozent

112 Fußball-Spezial

Wie oft fand das Champions-League-Finale in Deutschland statt?

 Noch nie

 3-mal

 5-mal

113 Trainer

Wie lange war Lothar Matthäus Trainer bei Athletico Paranaense in Brasilien?

 A) 1 Monat

 B) 4 Monate

 C) 1 Jahr

114 Rekorde

Wer hat die meisten Tore in Pflichtspielen für Eintracht Frankfurt erzielt (Stand 2022)?

 A) Anthony Yeboah

 B) Bernd Hölzenbein

 C) Alexander Meier

115 Vereine & Verbände

Wie heißt der europäische Fußballverband?

 A) UEFA

 B) AEFU

 C) FEUA

116 Nationalmannschaften & Turniere

Welcher Fußballer erfand 1990 bei der Fußball-WM den Tanz um die Eckfahne?

 Diego Maradona

 Romário

 Roger Milla

117 Trainer

Wie lange dauerte die bekannte Wutrede des ehemaligen Bayern-Trainers Giovanni Trapattoni („In diese Spiel, wie zwei oder drei oder vier Spieler waren schwach wie eine Flasche leer!")?

 1 Minute und 14 Sekunden

 2 Minuten und 57 Sekunden

 3 Minuten und 18 Sekunden

118 Spieler

Welcher Spieler ist der erste, der für sechs verschiedene Vereine in der Champions League traf?

 Zlatan Ibrahimović

 Hernán Crespo

 Nicolas Anelka

Lösungen auf Seite 162

119 Rekorde

Aus wie vielen Metern ging ein Kopfball mit der weitesten Entfernung ins Tor?

- Ⓐ 34 Meter
- Ⓑ 58 Meter
- Ⓒ 64 Meter

120 Stadien

Wer schoss das erste Tor in der Münchener Allianz-Arena?

- Ⓐ Roy Makaay (FC Bayern München)
- Ⓑ Peter Pacult (1860 München)
- Ⓒ Lionel Messi (FC Barcelona)

121 Spieler

Für welche Mannschaft spielte Ibrahim Sunday, der erste Afrikaner der Bundesliga-Geschichte?

- Ⓐ Rot-Weiss Essen
- Ⓑ Werder Bremen
- Ⓒ FC Schalke 04

122   Wer hat's gesagt?

„Fußball ist, wenn 22 Leute dem Ball nachrennen und am Ende gewinnen die Deutschen."

 Gary Lineker

 Wayne Rooney

 Peter Shilton

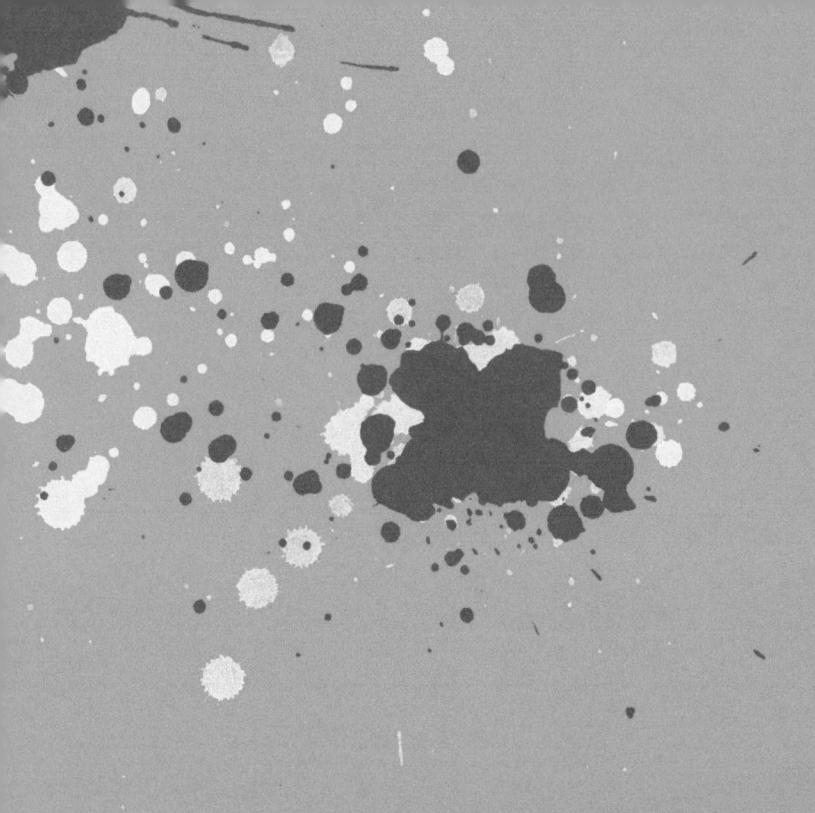

Antwort A

1990 verfasst Gary Lineker eines der berühmtesten Fußball-Zitate überhaupt.

123 Fußball-Spezial

Wann gab es die weltweit erste Fernsehübertragung eines Fußballspiels?

 1917

 1937

 1957

124 Fußball-Spezial

Wie lautet der medizinische Fachbegriff für O-Beine?

 Glukokortikoide

 Genu Varum

 Hyponatriämie

125 Vereine & Verbände

Welcher Verein ist das einzige Gründungsmitglied, das jedoch nur eine Saison in der obersten deutschen Spielklasse mitspielte?

 Preußen Münster

 1. FC Saarbrücken

 Eintracht Braunschweig

126 Grundlagen & Regeln

Wie viel Grad beträgt der ideale Abwurfwinkel beim Einwurf?

 20 Grad

 30 Grad

 40 Grad

127 Rekorde

Wer hält den Torrekord der eingleisigen (Zusammenführung der Regionalligen in eine 2. Bundesliga zur Spielzeit 1981/82) 2. Bundesliga in einer Saison?

 Dieter Schatzschneider

 Rudi Völler

 Jogi Löw

128 Spieler

Welcher Feldspieler ist der einzige, der in drei Jahrzehnten in einem Champions-League-Finale auf dem Platz stand (Stand 2022)?

 Frank Lampard

 Steven Gerrard

 Ryan Giggs

129 Rekorde

Welches südamerikanische Team ist das einzige, das sich noch nie für eine Fußball-WM qualifizieren konnte (Stand 2022)?

 A Bolivien

 B Venezuela

 C Peru

130 Vereine & Verbände

Wie heißt der afrikanische Fußballverband?

 A CFA

 B CAF

 C AFC

131 Spieler

Was passierte Michael Nusöhr am 8. Februar 1986?

 A Er schlief auf dem Platz ein

 B Er verwandelte 3 Elfmeter in einer Partie

 C Er vergaß seinen rechten Fußballschuh

Lösungen auf Seite 163

132 Nationalmannschaften & Turniere

In welcher Minute wurde Siegtorschütze Mario Götze im WM-Finale 2014 eingewechselt?

 44. Minute

 66. Minute

 88. Minute

133 Rekorde

Wer hat die meisten Tore in Pflichtspielen für den SV Werder Bremen erzielt?

 Claudio Pizarro

 Rudi Völler

 Ailton

134 Spieler

Wer war der erste ostdeutsche Spieler in der Bundesliga?

 Andreas Thom

 Matthias Sammer

 Michael Ballack

Lösungen auf Seite 163 & 164

135 Vereine & Verbände

Wo liegt der Verein Heidelberg United FC?

 Australien

 Deutschland

 England

136 Fußball-Spezial

Wie hoch war der erzielte Umsatz der Bundesliga in der Saison 2019/20?

 Circa 880 Millionen Euro

 Circa 1,8 Milliarden Euro

 Circa 3,8 Milliarden Euro

137 Stadien

Wie weit liegen die Stadien von Dundee United und Dundee FC auseinander?

 30 Meter

 300 Meter

 3.000 Meter

138 — Grundlagen & Regeln

Seit wann gibt es Gelbe und Rote Karten?

 Seit der WM 1954

 Seit der WM 1970

 Seit der WM 1978

139 — Vereine & Verbände

Was ist der meistverbreitete Clubname der Welt?

 Dynamo

 Lokomotive

 FC

140 — Nationalmannschaften & Turniere

Aus welchem Land kam der erste WM-Torschütze?

 Rumänien

 Frankreich

 Mexiko

Lösungen auf Seite 164

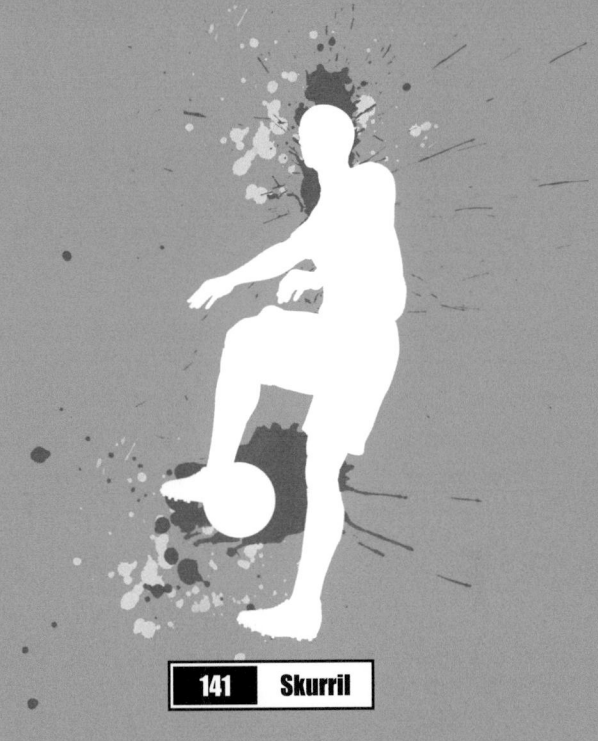

141 Skurril

Was war das Besondere an der 3:0 Niederlage der Nationalmannschaft gegen Belgien an Pfingsten 1910?

A Deutschland startete zu zehnt. Der fehlende Spieler war der Torhüter.

B Die deutsche Mannschaft war unvollständig. Daraufhin wurden vier Zuschauer eingesetzt.

C Da man keinen Fußball zur Verfügung hatte, wurde mit einem Handball gespielt.

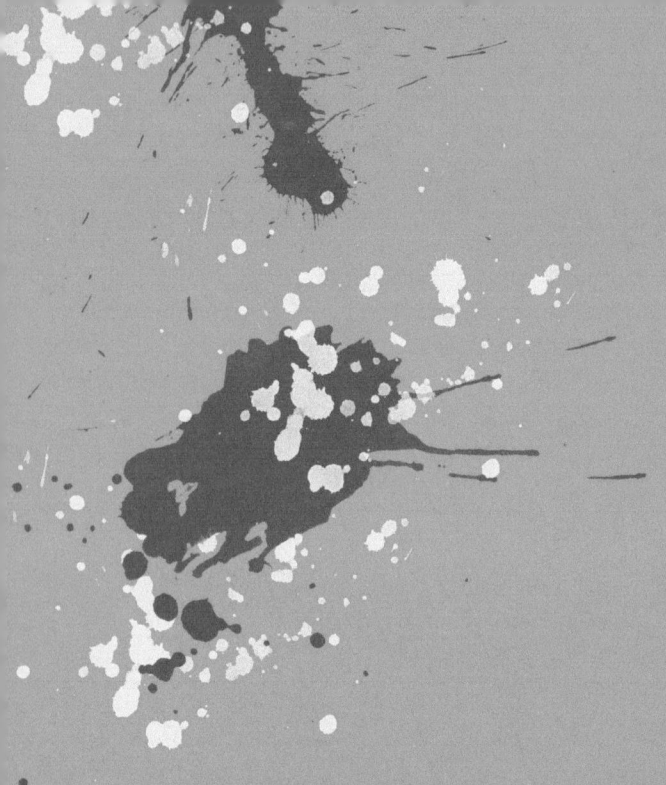

Antwort B

Tatsächlich kamen an Pfingsten 1910 vier Duisburger Stadionbesucher zu ihrem ersten und gleichzeitig letzten Nationalelfeinsatz.

142 Fußball-Spezial

Welcher Rockstar war zweimal Besitzer des FC Watford?

 Mick Jagger

 Paul McCartney

 Elton John

143 Rekorde

Wer schoss den schnellsten Hattrick in der Champions-League-Geschichte?

 Lionel Messi

 Bafétimbi Gomis

 Mario Gomez

144 Spieler

Was macht der Fußballer Makoto Hasebe nebenberuflich?

 Koch

 Schauspieler

 Autor

145 Nationalmannschaften & Turniere

Warum nahmen bei der WM 1938 in Frankreich keine südamerikanischen Mannschaften teil?

 Es wurden aus politischen Gründen verboten

 Sie wollten gegen die wiederholte Austragung in Europa protestieren

 Den südamerikanischen Mannschaften gefielen die französischen Fußballplätze nicht

146 Vereine & Verbände

Eintracht Frankfurt hat als Maskottchen den Adler Attila. Wie weit ist die Spannweite des Steinadlers?

 1,90 Meter

 2,00 Meter

 2,10 Meter

147 Vereine & Verbände

Welcher italienische Verein war der erste, der ein europäisches Pokalfinale erreichte?

 AC Florenz

 Juventus Turin

 AC Mailand

148 Spieler

Wie heißt der einzige Spieler, der sowohl in der
1. Bundesliga als auch in der 2. Bundesliga auf
mehr als 100 Tore kam (Stand 2022)?

 Simon Terrode

 Fabian Klos

 Bruno Labbadia

149 Nationalmannschaften & Turniere

Wer erzielte das einzige Tor beim Nichtangriffspakt
von Gijón bei der WM 1982, bei dem Deutschland
und Österreich sich auf ein 1:0 einigten, welches
beiden Teams das Weiterkommen garantierte?

 Horst Hrubesch

 Lothar Matthäus

 Klaus Allofs

150 Grundlagen & Regeln

Seit wann wird das Trikot-Ausziehen nach einem
Tor mit einer Gelben Karte bestraft?

 1990

 1997

 2004

151 Schiedsrichter

Wie hieß der Schiedsrichter im WM-Finale 2014?

- Ⓐ Nicola Rizzoli
- Ⓑ Cüneyt Çakır
- Ⓒ Howard Webb

152 Vereine & Verbände

Wie heißt der älteste noch existierende deutsche Fußballclub?

- Ⓐ FC Bayern München
- Ⓑ 1. Hanauer FC 1893
- Ⓒ BFC Germania 88

153 Rekorde

Wie oft flog der Profi mit den meisten Platzverweisen vom Feld (Stand 2021)?

- Ⓐ 24-mal
- Ⓑ 41-mal
- Ⓒ 46-mal

154 Nationalmannschaften & Turniere

Bei welcher WM feierte die La-Ola-Welle ihre Premiere?

 WM 1986 in Mexiko

 WM 1994 in den USA

 WM 2006 in Deutschland

155 Vereine & Verbände

Welcher Verein ist Rekordmeister in der Bundesliga?

 Borussia Dortmund

 Eintracht Frankfurt

 FC Bayern München

156 Nationalmannschaften & Turniere

Wie hoch war der höchste Sieg in einem offiziellen Länderspiel?

 25:2

 31:0

 36:0

Lösungen auf Seite 165 & 166

157 Fußball-Spezial

Wie viel Euro ist die deutsche Meisterschale in etwa wert?

 25.000 Euro

 50.000 Euro

 75.000 Euro

158 Rekorde

Wer hat die meisten Tore in Pflichtspielen für Hertha BSC Berlin erzielt (Stand 2022)?

 Vedad Ibisevic

 Michael Preetz

 Marcelinho

159 Spieler

Wie viele deutsche aktive Profifußballer haben bis 2021 öffentlich erklärt, homosexuell zu sein?

 Keiner

 1

 2

160 Wer hat's gesagt?

> **Mailand oder Madrid – Hauptsache Italien.**

- Ⓐ Gerd Müller
- Ⓑ Andreas Möller
- Ⓒ Thomas Müller

Antwort B

Andreas Möller hätte damals im Erdkunde-Unterricht wohl ein bisschen besser aufpassen müssen.

161 | Nationalmannschaften & Turniere

Was passierte Italien bei drei aufeinanderfolgenden Weltmeisterschaften?

 Sie flogen gegen Deutschland raus

 Sie flogen im Elfmeterschießen raus

 Sie flogen nach Verlängerung raus

162 | Grundlagen & Regeln

Was bedeutet VAR?

 Very Awful Reaction

 Video Action Replay

 Video Assistant Referee

163 | Vereine & Verbände

Welcher Verein ist Rekordmeister in der Ligue 1, der höchsten französischen Spielklasse?

 AS Saint-Étienne

 Olympique Lyon

 Paris Saint-Germain

Lösungen auf Seite 166

164 Nationalmannschaften & Turniere

Nach wie vielen Minuten führte Deutschland im WM-Halbfinale 2014 gegen Brasilien mit 5:0?

 A 23 Minuten

 B 29 Minuten

 C 44 Minuten

165 Rekorde

Wer hat die meisten Pflichtspieleinsätze für den FC Schalke 04 absolviert (Stand 2022)?

 A Olaf Thon

 B Klaus Fichtel

 C Gerald Asamoah

166 Spieler

Wann spielte der erste Brasilianer in der Bundesliga?

 A 1964

 B 1974

 C 1984

167 Nationalmannschaften & Turniere

Welche Nationalmannschaft holte die meisten olympischen Goldmedaillen im Fußball?

 Ungarn

 Argentinien

 Uruguay

168 Nationalmannschaften & Turniere

Welche beiden Mannschaften bestritten das erste WM-Elfmeterschießen ohne europäische Beteiligung?

 Paraguay und Japan

 Bolivien und Ecuador

 Australien und Nigeria

169 Vereine & Verbände

Wann wurde der erste Fußballclub der Welt gegründet?

 1837

 1847

 1857

170 Rekorde

Wie viele km/h hatte der härteste je gemessene Schuss in der Fußball-Geschichte von Ronny Heberson Furtado de Araújo?

 212 km/h

 262 km/h

 312 km/h

171 Spieler

Welcher ehemalige Nationalelf-Torwart sah in einer Saison acht Gelbe Karten?

 Jens Lehmann

 Oliver Kahn

 Sepp Maier

172 Spieler

Welche berufliche Lehre begann Lothar Matthäus?

 Rohrleitungsbauer

 Restaurantfachmann

 Raumausstatter

173 | Grundlagen & Regeln

Wie viel Prozent aller direkten Freistöße landen direkt im Tor?

- (A) 5 Prozent
- (B) 10 Prozent
- (C) 15 Prozent

174 | Nationalmannschaften & Turniere

Wie viele Spieler spielten für den DFB und für den DFV (Fußballverband der DDR)?

- (A) 4
- (B) 8
- (C) 12

175 | Rekorde

Wie alt war der jüngste Spieler, der je sein Profi-Debüt gegeben hat?

- (A) 11
- (B) 12
- (C) 13

176 Fußball-Spezial

Welcher französische Spieler sagte nach einem Kung-Fu-Tritt gegen einen Fan folgenden Satz auf der Pressekonferenz: „Die Möwen folgen dem Fischkutter, weil sie glauben, dass die Sardinen wieder ins Wasser geworfen werden."?

 Karim Benzema

 Michel Platini

 Eric Cantona

177 Nationalmannschaften & Turniere

Welcher Spieler ist rein nach Titelgewinnen der erfolgreichste Spieler der Nationalmannschaft (Stand 2022)?

 Oliver Bierhoff

 Gerd Müller

 Rainer Bonhof

178 Schiedsrichter

Wie viel Spiele leitete der Schiedsrichter mit den meisten Bundesliga-Einsätzen?

 344

 396

 492

179　Skurril

Wie wurde der türkische Präsident Recep Tayyip Erdogan vor seiner Politik-Karriere aufgrund seines fußballerischen Talents genannt?

 Imam Beckenbauer

 Hodscha Müller

 Imam Matthäus

Lösung auf der nächsten Seite

Antwort A

In seiner Heimatstadt Kasimpasa
wurde Erdogan wegen seines
Könnens Imam Beckenbauer gerufen.

180 | Spieler

Was war das Markenzeichen der Berliner Torwart-Legende Gábor Király?

 Eine gelbe Schlabberhose

 Eine graue Schlabberhose

 Eine grüne Schlabberhose

181 | Fußball-Spezial

Wie hieß die ehemalige Diskothek von Günter Netzer?

 Damenhandschuhfabrik

 Tanzcafé Oma Doris

 Lovers' Lane

182 | Stadien

Regelmäßig wird in Stadien mit bengalischem Feuer für Unruhe gesorgt. Wie heiß können diese Handfackeln maximal werden?

 2.500 Grad Celsius

 3.000 Grad Celsius

 3.500 Grad Celsius

Lösungen auf Seite 168

183 Trainer

Wie viele englische Trainer gewannen die Meisterschaft in der höchsten englischen Spielklasse, der Premier League (Stand 2022)?

 0

 1

 10

184 Spieler

In welchem Land wurde Pierre-Emerick Aubameyang geboren?

 Gabun

 Frankreich

 Benin

185 Vereine & Verbände

Von wem oder was leitet sich der Vereinsname Arminia bei Arminia Bielefeld ab?

 Von dem Cheruskerfürsten Arminius

 Vom österreichischen Kabarettisten Josef Armin

 Vom englischen Schauspieler Robert Armin

186 Nationalmannschaften & Turniere

Wie viele Spieler setzte Brasilien bei der WM 1962 ein und wurde so Weltmeister?

 12

 15

 31

187 Stadien

Was fand bis 2012 außer Fußball noch regelmäßig im Signal-Iduna-Park (Stadion von Borussia Dortmund) statt?

 Die jährlichen Bezirkskongresse der Zeugen Jehovas

 Das jährliche Treffen der Modelleisenbahnliebhaber

 Ein jährliches Treffen aller deutschen Piloten

188 Fußball-Spezial

Seit wann sind Stollen an Fußballschuhen aus Patentschriften bekannt?

 1905

 1925

 1945

Lösungen auf Seite 168

189 Schiedsrichter

Wie oft wurde Pierluigi Collina in Folge Weltschiedsrichter?

 nie

 3-mal

 6-mal

190 Grundlagen & Regeln

In welchem Winkel muss man einen Ball schießen, so dass er am weitesten fliegt?

 45 Grad

 55 Grad

 65 Grad

191 Nationalmannschaften & Turniere

Was erhielten die deutschen Fußball-Frauen zum EM-Sieg 1989 vom DFB?

 VW Polo

 1.000 Euro Gutschein für einen Drogeriemarkt

 Ein Kaffeeservice aus Porzellan

192 Fußball-Spezial

Welcher FIFA-Präsident war am längsten im Amt (Stand 2022)?

 Jules Rimet

 Sepp Blatter

 João Havelange

193 Spieler

Wie wurde die deutsche Torwart-Legende Sepp Maier auch bezeichnet?

 Der Löwe von Petersburg

 Die Katze von Anzing

 Der Adler von Stuttgart

194 Nationalmannschaften & Turniere

Wie hoch gewann die DFB-Elf in der EM-Qualifikation gegen San Marino und hält somit den Rekord für den höchsten Sieg in einem EM-Qualifikationsspiel?

 13:0

 15:0

 17:0

195 Rekorde

Welcher Spieler verschoss die meisten Elfmeter in der Bundesliga-Geschichte (Stand 2022)?

 Thomas Müller

 Gerd Müller

 Dieter Müller

196 Spieler

Welcher Spieler gewann den DFB-Pokal häufiger als kein anderer (Stand 2022)?

 Thomas Müller

 Oliver Kahn

 Bastian Schweinsteiger

197 Vereine & Verbände

Wie viele verschiedene Teams gewannen bis 2021 die Liga der spanischen Meisterschaft?

 9

 18

 27

198   Wer hat's gesagt?

„Da kam dann das Elfmeterschießen. Wir hatten alle
die Hosen voll, aber bei
mir lief's ganz flüssig."

 Gerd Müller

 Oliver Kahn

 Paul Breitner

Lösung auf der nächsten Seite

Antwort C

Paul Breitner hatte wohl Glück beim Elfmeterschießen.

199 Rekorde

Wie viele Bundesliga-Gegentore kassierte Eike Immel und hält somit den Rekord für die meisten Gegentore in der Bundesliga-Geschichte?

 829

 929

 1.029

200 Nationalmannschaften & Turniere

Wer sind die beiden einzigen Nationalmannschaften, die die WM in Auswärtstrikots gewinnen konnten?

 Brasilien und Italien

 Deutschland und Frankreich

 England und Spanien

201 Vereine & Verbände

Welcher Verein ist der einzige, der noch nie aus der obersten italienischen Spielklasse abgestiegen ist?

 Inter Mailand

 AC Mailand

 Juventus Turin

Lösungen auf Seite 169

202 Nationalmannschaften & Turniere

Welcher Mannschaft gelang der höchste Sieg bei einer WM?

- **A** Ungarn
- **B** Niederlande
- **C** Schweiz

203 Spieler

Warum wird Franz Beckenbauer auch oft „Kaiser" genannt?

- **A** Weil er großes Interesse für Monarchie zeigte
- **B** Weil er sich neben einer Büste von Kaiser Franz I. fotografieren ließ
- **C** Aufgrund seiner kaiserlichen Spielweise

204 Trainer

Was war die erste Amtshandlung 1979 von Uli Hoeneß als Manager des FC Bayern?

- **A** Er verpflichtete seinen Bruder Dieter als Spieler
- **B** Er strich 9 Spieler aus dem Kader
- **C** Er kaufte jedem Spieler einen VW Golf I

205 Fußball-Spezial

Wann gab es den ersten Fernsehbeweis der Bundesligageschichte?

 1979

 1999

 2019

206 Vereine & Verbände

Welcher Verein ist Rekordmeister in der Primera División, der höchsten spanischen Spielklasse?

 Real Madrid

 FC Barcelona

 Atlético Madrid

207 Fußball-Spezial

Wie nennen Österreicher einen Nichtskönner im Fußball?

 Primgeiger

 Häferl

 Nackerpatzerl

Lösungen auf Seite 170

208 Vereine & Verbände

Wie heißt der südamerikanische Fußballverband?

 CONMEBOL

 MECONBOL

 BOLMECON

209 Nationalmannschaften & Turniere

Welche zwei Länder sind die jüngsten FIFA-Mitglieder (Stand 2022)?

 Andorra & Malta

 Gibraltar & Kosovo

 Liechtenstein & Monaco

210 Fußball-Spezial

Wann fand der erste belegte Trikottausch statt?

 14. Mai 1931

 14. Mai 1951

 14. Mai 1971

211 Rekorde

Was war der höchste Sieg, der jemals in einer 1. Liga verzeichnet wurde?

 19:0

 69:0

 149:0

212 Vereine & Verbände

In welchem Land spielen die Orlando Pirates?

 USA

 Katar

 Südafrika

213 Fußball-Spezial

In welchem Land werden etwa 75 Prozent aller Fußbälle produziert?

 Bahrain

 Bhutan

 Pakistan

214 Rekorde

Welcher Spieler erzielte den schnellsten Hattrick der Premier League (Stand 2022)?

 Sadio Mané

 Mohamed Salah

 Roberto Firmino

215 Nationalmannschaften & Turniere

Wie alt war der älteste Spieler, der je an einem WM-Qualifikationsspiel teilnahm?

 43 Jahre und 36 Tage

 45 Jahre und 238 Tage

 46 Jahre und 180 Tage

216 Vereine & Verbände

Von welcher deutschen Fußballmannschaft ist der ehemalige US-Außenminister Henry Kissinger Fan?

 Würzburger Kickers

 FC Bayern München

 SpVgg Greuther Fürth

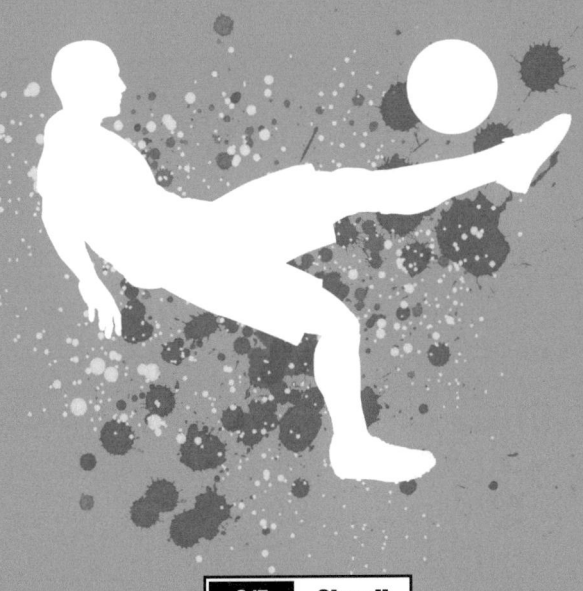

217   **Skurril**

Warum übernahm der Schweizer Alexander Frei nach der EM 2004 eine Patenschaft für ein Lama des Basler Zoos?

Ⓐ Lamas sind die Lieblingstiere seiner Tochter gewesen

Ⓑ Weil er einen Gegenspieler, wie ein Lama, angespuckt hatte

Ⓒ Weil er mit einem Pullover aus Lama-Wolle erwischt wurde

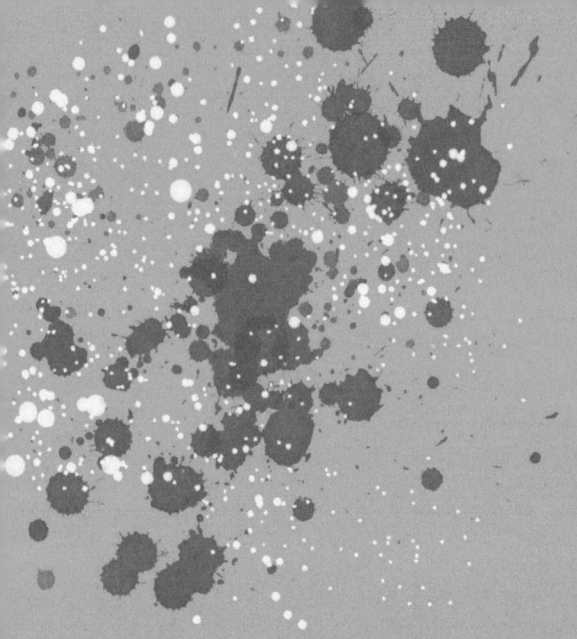

Antwort B

Bei der EM-Partie gegen England bespuckte er seinen Gegenspieler Steven Gerrard. Daraufhin wurde er für drei Spiele gesperrt.

218 | Grundlagen & Regeln

Wie groß muss der Abstand zwischen dem Freistoßschützen und der gegnerischen Mauer mindestens sein?

 9,15 m

 9,65 m

 10,15 m

219 | Rekorde

Wie alt ist der jüngste Spieler, der je in der Champions League eingesetzt wurde?

 16 Jahre und 18 Tage

 17 Jahre und 18 Tage

 18 Jahre und 18 Tage

220 | Spieler

Wie viele Zuschauer waren bei der Vorstellung von Cristiano Ronaldo nach dem Transfer von Manchester United zu Real Madrid im Stadion?

 40.000

 80.000

 120.000

221 Nationalmannschaften & Turniere

Gegen welche Länder, gegen die mindestens 10 Spiele absolviert wurden, hat Deutschland eine negative Bilanz (Stand 2021)?

A England, Frankreich, Italien, Südkorea und Uruguay

B Argentinien, Brasilien, England, Ghana und Nigeria

C Argentinien, Brasilien, England, Frankreich und Italien

222 Vereine & Verbände

Wo liegt der Verein Anschi Machatschkala?

A Jemen

B Costa Rica

C Russland

223 Spieler

Wie viele Minuten stand der Bundesligaspiele-Rekordhalter Karl-Heinz Körbel insgesamt in 602 Spielen auf dem Platz?

A 53.306 Minuten

B 56.606 Minuten

C 59.603 Minuten

224 Fußball-Spezial

Wie oft zierte Lionel Messi das Cover der Videospielreihe FIFA?

 Noch nie

 1-mal

 4-mal

225 Nationalmannschaften & Turniere

Wie viele Länderspiele wurden gleichzeitig am 6. Februar 2007 in London in verschiedenen Stadien ausgetragen?

 2

 4

 6

226 Vereine & Verbände

Wie viel Nationalverbände sind 2022 Teil der FIFA?

 111

 151

 211

227 Nationalmannschaften & Turniere
Bei welcher WM gab es das erste Maskottchen?

 WM 1966

 WM 1986

 WM 2006

228 Fußball-Spezial
Wie heißt der Vorgänger des DFB-Pokals?

 Tschammerpokal

 Deutscher Pokal

 Pokal der deutschen Fußballiga

229 Rekorde
Wer schoss die meisten Tore in einem Bundesligaspiel (Stand 2022)?

 Dieter Müller

 Robert Lewandowski

 Mario Gomez

230 Spieler

Wie viele Kreuzbandrisse erlitt Innenverteidiger Jens Nowotny in seiner Karriere?

Ⓐ 0

Ⓑ 2

Ⓒ 4

231 Grundlagen & Regeln

Wie viele Ballkinder müssen nach FIFA-Richtlinien mindestens am Spielfeldrand sein?

Ⓐ 4

Ⓑ 8

Ⓒ 12

232 Spieler

In welchem Jahr wurde Cristiano Ronaldo geboren?

Ⓐ 1982

Ⓑ 1985

Ⓒ 1987

233 Nationalmannschaften & Turniere

Wie viele Jahre war Amerikanisch-Samoa Teil der FIFA, bevor man den ersten Sieg einfahren konnte?

 7 Jahre

 17 Jahre

 27 Jahre

234 Vereine & Verbände

Welche hohe Persönlichkeit ist Ehrenmitglied bei Schalke 04?

 Queen Elizabeth II.

 Papst Johannes Paul II.

 George W. Bush

235 Spieler

Aus welchem Land kommt Jay-Jay Okocha?

 Nigeria

 Ghana

 Benin

236 Wer hat's gesagt?

„ **I hope we have a little bit lucky!** "

- **A** Lukas Podolski
- **B** Michael Ballack
- **C** Lothar Matthäus

Antwort C

Lothar Matthäus zeigte sein nicht so ganz perfektes Englisch bei der Vorstellung bei den New York New Jersey MetroStars.

237 Rekorde

Wer hat die meisten Pflichtspieleinsätze für den FC Chelsea absolviert (Stand 2022)?

 John Terry

 Frank Lampard

 Petr Cech

238 Nationalmannschaften & Turniere

Wann war das einzige WM-Finale im Regen?

 WM 1954

 WM 1966

 WM 1974

239 Spieler

Welches Talent besitzt Mehmet Scholl neben dem Fußball?

 Kegeln

 Segeln

 Reiten

240 Fußball-Spezial
Wie viel Euro ist der DFB-Pokal in etwa wert?

 25.000 Euro

 35.000 Euro

 45.000 Euro

241 Trainer
Wie viele Brüder hat Jogi Löw?

 1

 2

 3

242 Rekorde
Wer hat die meisten Tore in Pflichtspielen für Borussia Dortmund erzielt (Stand 2022)?

 Michael Zorc

 Pierre-Emerick Aubameyang

 Marco Reus

243 Nationalmannschaften & Turniere

Welche Nationalmannschaft gewann das letzte Länderspiel im alten Wembley-Stadion und das erste Spiel im umgebauten Wembley-Stadion gegen England?

 Brasilien

 Schweiz

 Deutschland

244 Fußball-Spezial

Wie war Franz Beckenbauers Name bei der Stasi?

 Rasen 20

 Eckfahne 15

 Pfosten 25

245 Vereine & Verbände

Wann gewann in Schottland das letzte Mal ein Team die Meisterschaft, welches nicht Celtic Glasgow oder Glasgow Rangers heißt (Stand 2021)?

 1915

 1985

 2015

246 Stadien

Wann fand das erste Geisterspiel der Bundesliga-Geschichte statt?

 11. Februar 2020

 11. März 2020

 11. April 2020

247 Spieler

Von welchem Spieler stammt das teuerste Trikot, das jemals bei einer Auktion versteigert wurde?

 Pelé

 Diego Maradona

 Lionel Messi

248 Vereine & Verbände

Welcher deutsche Verein hat die älteste Stadionhymne Deutschlands?

 Karlsruher SC

 Eintracht Frankfurt

 MSV Duisburg

249 — Nationalmannschaften & Turniere

Wie nennt sich die Nationalmannschaft von Tunesien?

- **A** Die Wasserbüffel von Karthago
- **B** Die Antilopen von Karthago
- **C** Die Adler von Karthago

250 — Grundlagen & Regeln

Seit wann spielt man in Deutschland mit Rückennummern?

- **A** 1928
- **B** 1938
- **C** 1948

251 — Nationalmannschaften & Turniere

Welche Mannschaften konnten eine EM im eigenen Land gewinnen (Stand 2021)?

- **A** Italien, Frankreich und Deutschland
- **B** England, Frankreich und Deutschland
- **C** Spanien, Italien und Frankreich

252 Grundlagen & Regeln

Seit wann sind Auswechslungen in der Bundesliga erlaubt?

 1964/65

 1966/67

 1967/68

253 Nationalmannschaften & Turniere

Wie viele Tore schoss Oleg Salenko bei der WM 1994 für Russland gegen Kamerun?

 4

 5

 6

254 Vereine & Verbände

Wie viele Fußballer des Jahres kamen vom 1.FC Köln?

 0

 7

 14

255 Skurril

Welcher Fußball-Film war der erste westliche Film, der in Nordkorea gezeigt werden durfte?

 „Kick It Like Beckham"

 „Das Wunder von Bern"

 „Goal! – Lebe deinen Traum"

Antwort A

„Kick It Like Beckham" war der erste westliche Film, der im nordkoreanischen Fernsehen ausgestrahlt wurde.

256 Grundlagen & Regeln

Was passiert, wenn der Abstoß des Torwarts im eigenen Tor landet?

 A Es zählt als reguläres Tor für das gegnerische Team

 B Der Abstoß wird wiederholt

 C Es gibt einen Eckball für das gegnerische Team

257 Trainer

Peter Neururer trainierte den ein oder anderen Verein in der 2. Bundesliga. Wie viele verschiedene Vereine waren es genau?

 A 5

 B 7

 C 9

258 Grundlagen & Regeln

Wie viele Quadratmeter hat ein reguläres Fußballfeld?

 A 5.140 qm

 B 7.140 qm

 C 9.140 qm

259 Stadien

Wie viele Bundesliga-Spiele wurden bis 2022 aufgrund von Nebel abgebrochen?

 Keine

 3

 13

260 Nationalmannschaften & Turniere

Bei welcher Weltmeisterschaft fielen die meisten Eigentore?

 WM 1930

 WM 1990

 WM 2018

261 Rekorde

Was erhält der erfolgreichste Torschütze Europas von der UEFA?

 Den goldenen Schuh

 Den goldenen Ball

 Das goldene Trikot

262 Spieler

Für welchen Verein ist Cristiano Ronaldo in seiner Karriere noch nie aufgelaufen?

 Benfica Lissabon

 Sporting Lissabon

 Nacional Funchal

263 Nationalmannschaften & Turniere

1954 gewann Deutschland überraschenderweise das WM-Finale gegen Ungarn, obwohl man in der Vorrunde sogar noch mit 8:3 gegen Ungarn verloren hatte. Bis heute spricht man hierbei von einem Wunder. In welcher Stadt fand dieses Wunder statt?

 Basel

 Bern

 Biel

264 Grundlagen & Regeln

Wie viele Fußballregeln gibt es im offiziellen Regelbuch der FIFA?

 17

 107

 1.070

Lösungen auf Seite 175

265 Spieler

In welchem Jahr beendete die brasilianische Fußball-Legende Ronaldinho seine Karriere endgültig?

 2016

 2018

 2020

266 Spieler

Wie hoch war die Ablösesumme für Cristiano Ronaldo, als er im Sommer 2009 von Manchester United zu Real Madrid wechselte und den damaligen Transferrekord brach?

 49 Millionen Euro

 94 Millionen Euro

 149 Millionen Euro

267 Trainer

Wie ist der Spitzname der Schalker Trainer-Legende Huub Stevens?

 Der heilbringende Holländer

 Gott aus Gelsenkirchen

 Knurrer von Kerkrade

268 Spieler

Aus welchem Land kommt Mohamed Salah?

 Tunesien

 Ägypten

 Marokko

269 Nationalmannschaften & Turniere

Welche Nation konnte die Copa América (Südamerikameisterschaft) bis 2021 am häufigsten ins eigene Land holen?

 Uruguay

 Argentinien

 Brasilien

270 Vereine & Verbände

Aus welchem Land kommt der Rekordsieger der Copa Libertadores (der wichtigste südamerikanische Vereinswettbewerb, vergleichbar mit der europäischen Champions League)?

 Peru

 Chile

 Argentinien

271 Nationalmannschaften & Turniere

Welcher Holländer spuckte Rudi Völler im Achtelfinale der WM 1990 an?

- **A** Frank Rijkaard
- **B** Ronald Koeman
- **C** Ruud Gullit

272 Spieler

Wo liegen die Wurzeln des ehemaligen französischen Nationalspielers Zinédine Zidane?

- **A** Tunesien
- **B** Marokko
- **C** Algerien

273 Trainer

Welcher Trainer ist der bisher einzige, der die Auszeichnung zum FIFA-Trainer des Jahres zwei Jahre in Folge mit nach Hause nehmen durfte?

- **A** Pep Guardiola
- **B** Jürgen Klopp
- **C** Didier Deschamps

274 | **Skurril**

Warum nahm das französische Nationalteam 1.500 Liter Rotwein mit zur WM 1966 in England?

Ⓐ Weil französische Funktionäre dachten, dass Rotwein zu einer erheblichen Leistungssteigerung führen könnte

Ⓑ Damit die mitgereisten Spielerfrauen auch verpflegt sind

Ⓒ Weil sie Angst hatten, dass man in England keinen guten Rotwein bekommen würde

Lösung auf der nächsten Seite

Antwort C

Der Grund für die Mitnahme von 1.500 Liter französischem Rotwein, war tatsächlich die Befürchtung, dass der englische Rotwein nicht gut genug sei. Nichtsdestotrotz schieden die Franzosen nach der Vorrunde aus.

275 Spieler

Was eröffnete der italienische Mittelfeldspieler Andrea Pirlo 2007 zusammen mit seiner Familie?

- **A** Ein Bordell
- **B** Ein Weingut
- **C** Ein Fast-Food-Imbiss

276 Fußball-Spezial

Für welche Konsole erschien das erste FIFA-Videospiel zuerst?

- **A** Game Boy
- **B** Sega Mega Drive
- **C** Nintendo 64

277 Stadien

Welches Fußball-Stadion hat das größte Parkhaus Europas?

- **A** Camp Nou in Barcelona
- **B** Wembley-Stadion in London
- **C** Allianz Arena in München

278 | **Vereine & Verbände**

Welcher deutsche Verein hat eine Erwähnung in dem Film-Klassiker „Das Boot"?

 Werder Bremen

 Eintracht Frankfurt

 Schalke 04

279 | **Spieler**

Einer der vielen Spitznamen die Lionel Messi besitzt ist La Pulga. Was bedeutet La Pulga auf Deutsch?

 Der Zauberer

 Der Löwe

 Der Floh

280 | **Grundlagen & Regeln**

Wie lange geht eine Beachsoccer-Partie nach offiziellen Richtlinien?

 3 x 12 Minuten

 2 x 24 Minuten

 1x 36 Minuten

281 | **Skurril**

Warum entschied sich Indien trotz erfolgreicher Qualifikation dagegen bei der WM 1950 teilzunehmen?

A Ein Großteil der indischen Fußballnationalmannschaft musste bei der gleichzeitig stattfindenden Cricket-WM teilnehmen

B Zur Zeit des Turniers war gleichzeitig ein indisches Fest, welches das Ausüben von Sport verbot

C Barfuß spielen war nicht erlaubt

Lösung auf der nächsten Seite

Antwort C

Tatsächlich waren die Inder es gewohnt, ohne Schuhe zu spielen. Nachdem die FIFA dies abgewiesen hatte, entschied Indien sich dagegen bei der WM 1950 teilzunehmen.

282 — Fußball-Spezial

Wer sang den offiziellen WM-Song zur WM 2014?

- **A** Pitbull, Jennifer Lopez und Claudia Leitte
- **B** David Guetta, Coldplay und Claudia Leitte
- **C** Calvin Harris, Pink und Claudia Leitte

283 — Spieler

Wo wurde der ehemalige deutsche Nationalspieler Gerald Asamoah geboren?

- **A** Deutschland
- **B** Schweiz
- **C** Ghana

284 — Vereine & Verbände

Welche beiden Mannschaften halten den Rekord für die meisten Aufstiege in die Bundesliga (Stand 2022)?

- **A** 1. FC Nürnberg & Hannover 96
- **B** Hannover 96 & Arminia Bielefeld
- **C** 1. FC Nürnberg & Arminia Bielefeld

Lösungen auf Seite 177

285 Spieler

Welches exotische Haustier besaß Mario Balotelli?

 Ein Hausschwein

 Einen Panther

 Ein Kapuzineräffchen

286 Fußball-Spezial

Auf wie viele Hochgeschwindigkeitskameras basiert die Torlinientechnik GoalControl, die erstmals 2014 bei einer WM zum Einsatz kam?

 7

 14

 21

287 Nationalmannschaften & Turniere

Welche Mannschaft war bei der WM 2010 die einzige, die keinen Ausrüster besaß und sich die Ausrüstung selbst kaufen musste?

 Kamerun

 Honduras

 Nordkorea

288 Spieler

Nach welchem Promi hat Cristiano Ronaldo dos Santos Aveiro seinen zweiten Namen Ronaldo bekommen?

 Ronald Koeman

 Ronald Reagan

 Ron Williams

289 Stadien

In welchem Land steht das größte Fußballstadion der Welt?

 Indien

 USA

 Nordkorea

290 Vereine & Verbände

Welche Mannschaft ist die erste, die den DFB-Pokal als Zweitligist gewinnen konnte?

 1. FC Kaiserslautern

 Fortuna Düsseldorf

 Hannover 96

Lösungen auf Seite 177

 **291** Grundlagen & Regeln

Welche Grashalmhöhe gibt die DFL für die Bundesliga vor?

 22-25 mm

 25-28 mm

 28-31 mm

292 Spieler

Welcher Spieler wurde auch Heulsuse genannt?

 Lothar Matthäus

 Andreas Möller

 Mehmet Scholl

 **293** Vereine & Verbände

Wie lange war Jürgen Klopp Trainer beim 1. FSV Mainz 05?

 7 Jahre

 8 Jahre

 9 Jahre

294 Wer hat's gesagt?

"Never Change a Winning Team"

- **A** George Best
- **B** Alfred Ramsey
- **C** Steven Gerrard

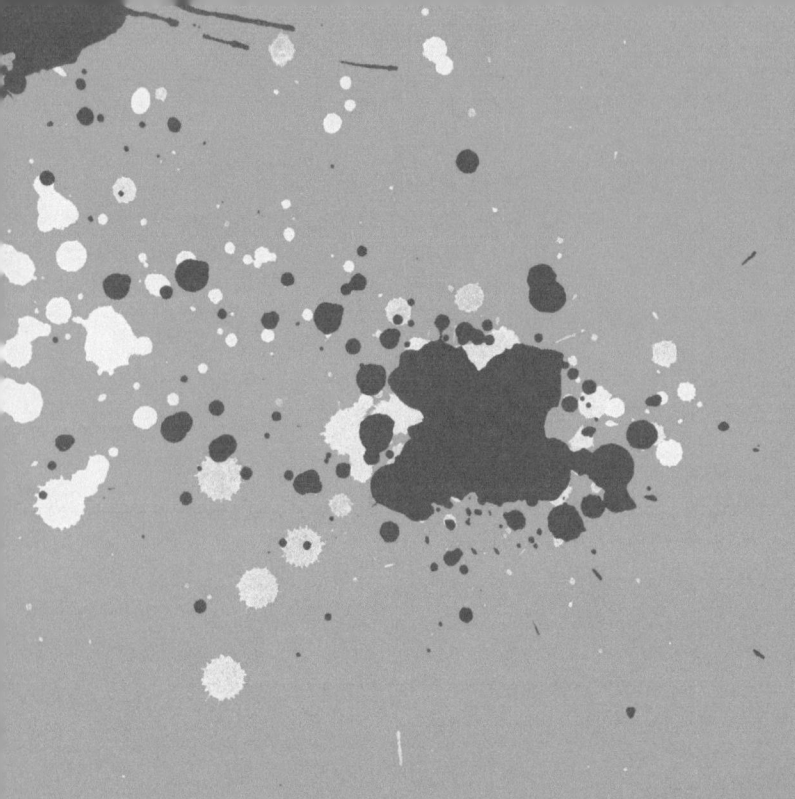

Antwort B

Dieser Spruch stammt von Alfred Ramsey, dem Trainer des WM-Siegers von 1966, England.

295 Fußball-Spezial

Für welches Produkt machte Bastian Schweinsteiger Werbung?

 Chips

 Pommes

 Gummibärchen

296 Nationalmannschaften & Turniere

Welche Nationalmannschaft ist die einzige, die bisher an jeder WM teilnahm (Stand 2022)?

 Italien

 Brasilien

 Deutschland

297 Trainer

Wie viele Bundestrainer haben 50 Siege erreichen können (Stand 2022)?

 2

 4

 6

Lösungen auf Seite 178

298 Grundlagen & Regeln

Wie viele Zentimeter beträgt der Durchmesser eines Fußballs?

 22 cm

 26 cm

 30 cm

299 Fußball-Spezial

Beim EM-Spiel 2016 Schweiz gegen Gastgeber Frankreich rissen im Zweikampf gleich mehrere Puma-Trikots der Schweizer. Wie viele waren es?

 3

 5

 7

300 Spieler

Welchen Spitznamen bekam Gerald Asamoah von seinem damaligen Manager Rudi Assauer bei Schalke 04?

 Kopfballungeheuer

 Blondie

 Funkturm

301 — Nationalmannschaften & Turniere

Wann fand das erste offizielle Länderspiel in der Geschichte des Fußballs statt?

 2. Februar 1864

 30. November 1872

 26. August 1888

302 — Grundlagen & Regeln

Wie viele Milliliter Urin muss ein Bundesligaspieler mindestens bei einer Dopingprobe abgeben?

 50 ml

 75 ml

 100 ml

303 — Fußball-Spezial

Wie ist der Fachausdruck für Matschfußball?

 Slush Soccer

 Swamp Soccer

 Mud Soccer

Lösungen auf Seite 178 & 179

304 Fußball-Spezial

Wie heißen die beiden Kommentatoren in der Sport-Simulationsreihe seit FIFA 16?

 Wolff-Christoph Fuss und Frank Buschmann

 Béla Réthy und Steffen Simon

 Tom Bartels und Kai Dittmann

305 Spieler

Wie oft erzielte Gerd Müller vier oder mehr Tore in einem Bundesligaspiel?

 10-mal

 14-mal

 18-mal

306 Grundlagen & Regeln

Wie groß muss der Abstand laut offiziellen Richtlinien zwischen der Unterkante der Latte und dem Boden sein?

 2,22 Meter

 2,44 Meter

 2,66 Meter

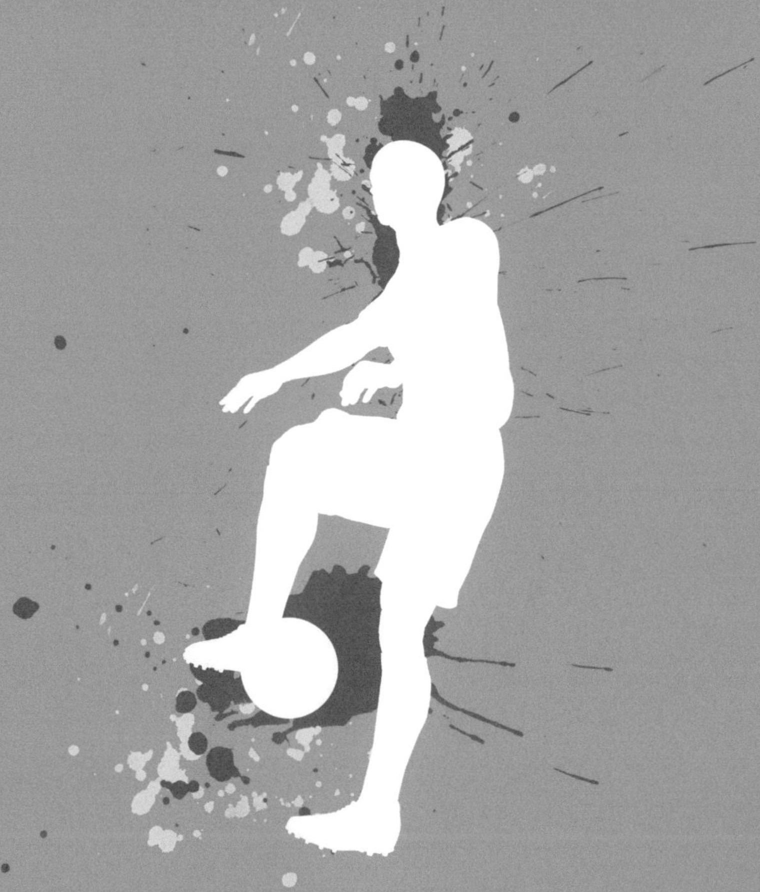

307 Skurril

Welches Pissoir benutzte Mario Gomez vor einem Spiel?

- A Ganz Rechts
- B Mitte
- C Ganz Links

Lösung auf der nächsten Seite

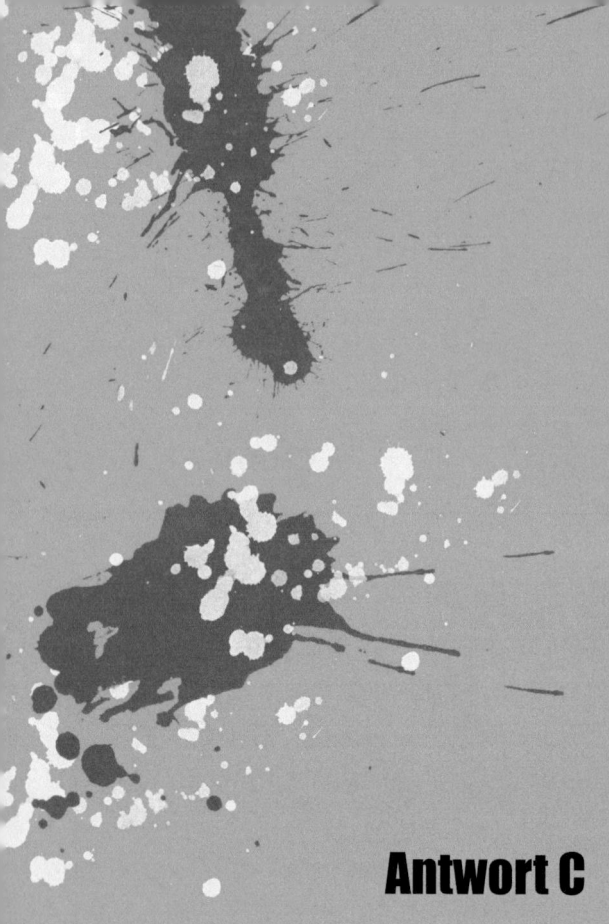

Antwort C

Mario Gomez hat dem Magazin „Men's Health" 2008 anvertraut, dass er „immer ans Pissoir ganz links außen" geht.

308 Nationalmannschaften & Turniere

Wie hieß der erste dunkelhäutige Nationalspieler Deutschlands?

 Gerald Asamoah

 Jay-Jay Okocha

 Erwin Kostedde

309 Rekorde

Wie hoch ist die Quote der verwandelten Elfmeter in den letzten zehn Minuten?

 63 Prozent

 68 Prozent

 73 Prozent

310 Schiedsrichter

Wie heißt der glatzköpfige Italiener, der von vielen als bester Schiedsrichter aller Zeiten gesehen wird?

 Pierluigi Collina

 Pierluiga Collina

 Pierluigi Collino

Lösungen auf Seite 179

311 Rekorde

Wer hat die meisten Tore in Pflichtspielen für Borussia Mönchengladbach erzielt (Stand 2022)?

 Jupp Heynckes

 Raffael

 Günter Netzer

312 Spieler

Wer ist der erste Fußballer, der die Champions League mit drei verschiedenen Vereinen gewinnen konnte?

 Cristiano Ronaldo

 Clarence Seedorf

 Patrice Evra

313 Nationalmannschaften & Turniere

Wie lange brauchte der Türke Hakan Sükür 2002 für das schnellste Tor in der WM-Geschichte?

 11 Sekunden

 21 Sekunden

 31 Sekunden

314 Stadien

Wie schnell bewegt sich eine La-Ola-Welle durchs Fußballstadion in Metern pro Sekunde?

 12 Meter pro Sekunde

 24 Meter pro Sekunde

 36 Meter pro Sekunde

315 Fußball-Spezial

Seit wann wird der DFB-Pokal ausgetragen?

 1933

 1935

 1949

316 Spieler

Wer ist der Spieler, der gleich vier Champions-League-Finale verloren hat?

 Patrice Evra

 Rio Ferdinand

 Michael Ballack

Lösungen auf Seite 179 & 180

317 Trainer

Wie viel Kilogramm hat der ehemalige deutsche Fußballfunktionär Rainer Calmund zu seinen besten Zeiten gewogen?

 162,8 kg

 172,8 kg

 182,8 kg

318 Vereine & Verbände

Wie heißt der einzige Verein der ehemaligen DDR, der jemals einen Europapokal gewann?

 FC Carl Zeiss Jena

 FC Rot-Weiß Erfurt

 1. FC Magdeburg

319 Nationalmannschaften & Turniere

Welches WM-Endspiel war das einzige, bei dem nach 120 Minuten noch kein Tor gefallen war und im Elfmeterschießen entschieden werden musste?

 WM-Finale 1982

 WM-Finale 1994

 WM-Finale 2010

320 Wer hat's gesagt?

„Ich habe viel von meinem Geld für Alkohol, Weiber und schnelle Autos ausgegeben. Den Rest habe ich einfach verprasst."

 George Best

 Wayne Rooney

 Lukas Podolski

Lösung auf der nächsten Seite

Antwort A

George Best war bekannt für seinen ausufernden Lebensstil.

321 Spieler
Wie heißt die Tochter von David Beckham?

- Ⓐ Harper Seven
- Ⓑ Harper Eight
- Ⓒ Harper Nine

322 Rekorde
Wer hat die meisten Pflichtspieleinsätze für den FC Bayern München absolviert (Stand 2022)?

- Ⓐ Sepp Maier
- Ⓑ Oliver Kahn
- Ⓒ Gerd Müller

323 Fußball-Spezial
Welcher Fußballer war am häufigsten auf dem Cover des Videospiels FIFA zu sehen?

- Ⓐ Lionel Messi
- Ⓑ Wayne Rooney
- Ⓒ Ronaldinho

324 Rekorde

Wie viele Minuten brauchte Robert Lewandowski für seine fünf Tore gegen Wolfsburg am 22. September 2015, nachdem er zur Halbzeit eingewechselt wurde?

 9 Minuten

 19 Minuten

 29 Minuten

325 Vereine & Verbände

Wie heißt der asiatische Fußballverband?

 CFA

 FAC

 AFC

326 Fußball-Spezial

Wie viel Euro ist die Champions-League-Trophäe in etwa wert?

 30.000 Euro

 40.000 Euro

 50.000 Euro

327 Schiedsrichter

Wie alt darf ein Schiedsrichter in der Bundesliga maximal sein?

 47

 52

 53

328 Fußball-Spezial

Wer oder was ist ein „Pichichi"?

 Ein Fußballschuh nur für Stürmer

 Die Auszeichnung für den besten Torschützen in der spanischen Liga

 Eine Beleidigung für einen neuen Spieler

329 Nationalmannschaften & Turniere

Wie viele Zuschauer waren beim WM-Finale 1950 zwischen Brasilien und Uruguay vor Ort und stellten somit den Publikumsrekord aller Fußballspiele der Geschichte auf?

 Ca. 50.000

 Ca. 100.000

 Ca. 200.000

330 Spieler

Womit wurde Luis Figo am 23.11.2002 von Fans des FC Barcelona im Spiel gegen Real Madrid während des Spiels beworfen?

 Bierfass

 Regenschirm

 Spanferkelkopf

331 Grundlagen & Regeln

Wie viele Spieler muss ein Team mindestens auf dem Platz haben, damit das Spiel nicht abgebrochen wird?

 6

 7

 8

332 Vereine & Verbände

Welcher Sportverein hat weltweit die meisten Mitglieder?

 FC Barcelona

 FC Bayern München

 Benfica Lissabon

332   **Skurril**

Warum war die kolumbianische Torhüter-Legende Rene Higuita nicht bei der WM 1994 dabei?

Ⓐ Weil er aufgrund schwacher Leistungen nicht nominiert wurde

Ⓑ Weil seine Frau mit Vierlingen schwanger war

Ⓒ Weil er in Haft war, wegen einer Beteiligung an einer Entführung

Antwort C

Tatsächlich war Rene Higuita ein Beteiligter bei einer Entführung, die ihm eine Gefängnisstrafe einbrachte.

Aus, aus, aus. Aus!
Das Spiel ist aus!

Zumindest fast. Auf den nachfolgenden Seiten findest du die ausführlichen Antworten zu den Fragen.

Noch mehr Fragen rund um den Fußball bekommst du in dem E-Book: **„Das ultimative Fußball-Quiz: Torschützenjäger"**.

Das Beste: Wir schenken dir das E-Book als Dankeschön. Gehe auf **nucleo-verlag.de/fussball-quiz** und gib diesen Code ein:

Schon kannst du das E-Book kostenlos herunterladen. Viel Spaß damit.

Lösungen

001 A: Bis heute hat es noch kein Gast des „Aktuellen Sportstudio" geschafft alle 6 Schüsse zu treffen. Der aktuelle Rekord liegt bei 5.

002 B: Lothar Matthäus ist bisher der einzige Deutsche, der diese Auszeichnung gewinnen konnte. Er gewann sie 1991.

003 B: In der Regel muss man nach fünf Gelben Karten eine Partie aussetzen.

004 C: Der Ball zur WM 2014 trug den Namen Brazuca. Brazuca steht frei übersetzt für Emotionen, Stolz und Herzlichkeit.

005 A: In der Saison 2009/10 hatte Cristiano Ronaldo für Real Madrid die Nummer Neun auf dem Rücken.

006 C: In El Alto, Bolivien steht das Estadio Municipal Villa Ingenio auf 4.090 Metern über dem Meeresspiegel. Hier werden regelmäßig Spiele der zweiten bolivianischen Liga ausgetragen.

007 C: Wolf-Dieter Ahlenfelder pfiff 13 Minuten zu früh zur Halbzeit, da er vor dem Spiel ein wenig zu tief ins Glas geschaut hatte.

008 B: Aus klimatischen Gründen dauert die Winterpause in der Ukraine drei Monate. Sie geht von Anfang Dezember bis Anfang März.

009 C: Die Breite der Torlinie darf maximal 12 cm betragen.

010 C: Die Go Ahead Eagles sind ein niederländischer Fußballverein aus Deventer.

011 A: Andreas Möller prägte den Begriff der Schutzschwalbe. Er hob bereits vor der Berührung des Gegenspielers ab, um sich vor einer Verletzung zu „schützen".

012 A: Abédi Pelé hatte 1993 großen Anteil am Champions League-Gewinn von Olympique Marseille, der ihn zum ersten Ghanaer werden ließ, der die Königsklasse gewann.

014 B: Der Abstand zwischen den beiden Torpfosten muss 7,32 Meter betragen.

015 B: Neben einem jährlichen Grundgehalt, das zwischen 60.000 und 80.000 Euro liegt, bekommt ein Bundesliga-Schiedsrichter pro gepfiffener Partie 5.000 Euro.

016 C: Gerd Müller ist mit 523 geschossenen Pflichtspieltoren Rekordtorschütze des FC Bayern München.

017 C: Franck Ribérys muslimischer Name ist Bilal. Bilal bedeutet "befeuchtend", "Durst stillend" und "Nässe".

018 A: Das Maskottchen von Schalke 04 existiert seit 1994 und hört auf den Namen Erwin.

019 C: Willy Baumgärtner vom Düsseldorfer SV 04 war der jüngste Spieler der Startelf. Er war zum damaligen Zeitpunkt 17 Jahre alt.

020 A: „Deutschland. Ein Sommermärchen" ist 110 Minuten lang und gilt als der erfolgreichste deutsche Fußball-Film.

021 C: Die deutsche Nationalmannschaft hat sechs Ehrenspielführer: Fritz Walter, Uwe Seeler, Franz Beckenbauer; Lothar Matthäus, Jürgen Klinsmann und Philipp Lahm.

022 A: Eine Beachsoccer-Mannschaft spielt unter normalen Umständen mit vier Feldspielern und einem Torwart.

023 A: Mit 228 Pflichtspieltreffern ist Thierry Henry der Rekordtorschütze des FC Arsenal.

024 A: In den DFB-Pokal passen acht Liter Flüssigkeit.

025 B: Der FC Kiffen 08 ist ein Sportverein aus dem Helsinkier Stadtteil Mestaruussarja in Finnland.

026 B: Dmitri Kirichenko erzielte nach 67 Sekunden das 1:0 beim 2:1-Sieg für Russland gegen Griechenland bei der EM 2004.

027 A: Nur 300 Zuschauer waren beim Spiel Rumänien gegen Peru bei der WM 1930 zu Gast.

028 C: Stefan Effenberg bekam neben den 110 Gelben Karten, vier Gelb-Rote und drei Rote Karten.

029 B: Julian Nagelsmann war zu Beginn der Saison 2015/16 Trainer von 1899 Hoffenheim und 28 Jahre und 205 Tage alt.

030 C: Rekordtorschütze von Bayer 04 Leverkusen ist Ulf Kirsten mit 240 erzielten Pflichtspieltoren.

031 B: Marco Reus musste 540.000 Euro abdrücken, weil er jahrelang ohne gültigen Führerschein herumfuhr.

033 C: Bei der WM 1982 in Spanien gewann Deutschland das erste Elfmeterschießen bei einer Weltmeisterschaft gegen Frankreich.

034 B: Michel Platini schaffte es, 1983, 1984 und 1985 Europas Fußballer des Jahres zu werden.

035 A: Juventus Turin gewann die italienische Meisterschaft bereits 35-mal.

036 A: Aufgrund einer Notbremse musste Marcel Titsch-Rivero bereits nach 43 Sekunden wieder in die Kabine.

037 C: Der Rekordspieler von Borussia Dortmund ist Michael Zorc mit 572 Pflichtspieleinsätzen.

038 C: Diego Maradona hat über den gesamten Verlauf seiner Karriere immer wieder aufkommende Probleme mit Kokain, die auch lange Sperren mit sich zogen.

039 A: Jabulani bedeutet auf der Sprache Zulu „sich freuen" oder „übermittelte Freude und Glück".

040 C: Mit Bayer 04 Leverkusen wurde er 2. in der Bundesliga, verlor das Finale des DFB-Pokals und der Champions League. Zudem wurde er Zweiter im Kampf um die Torjägerkrone der Bundesliga. Als krönenden Abschluss verlor er noch das WM-Finale mit der DFB-Elf.

041 C: Borussia Dortmund gewann am 22. November 2016 in der Champions-League-Gruppenphase mit 8:4 gegen Legia Warschau.

042 C: Jürgen Klopps Diplomarbeit handelte tatsächlich vom Thema Walking.

043 B: Eintracht Frankfurt hat den Steinadler Attila und der 1. FC Köln den Geißbock Hennes.

044 B: Im schottischen Glasgow stehen der Celtic Park (60.832 Plätze), das Ibrox Stadium (50.817 Plätze) und der Hampden Park (51.866 Plätze).

045 A: Dieses Kunststück schaffte bisher nur der Portugiese Cristiano Ronaldo.

046 A: Das erste nicht-schwarze Schiedsrichtertrikot hatte die Farbe Grün. Getragen wurde es von Dr. Markus Merk.

047 C: Jeder Spieler, der im WM-Kader 2014 stand, bekam eine Prämie in Höhe von 300.000 Euro ausgezahlt.

048 A: Die Ur-Version der Videospielreihe FIFA erschien 1993 unter dem Namen FIFA International Soccer.

049 C: Die „Gelbe Wand" im Signal-Iduna-Park ist mit Platz für rund 24.500 Fans die größte der Welt.

050 B: Zum damaligen Zeitpunkt befand sich die ganze Welt in einer Wirtschaftskrise. Für das deutsche Team wäre es zu teuer geworden, nach Uruguay zu fliegen.

052 A: Die russische Torhüterlegende Lew Jaschin ist 1963 der erste und bisher letzte Torwart gewesen, der Weltfußballer geworden ist.

053 C: Manchester United ist Rekordmeister der Premier League mit 20 gewonnenen Meisterschaften.

054 C: Uli Stein bezeichnete den einstigen Knorr-Werber und Nationaltrainer Franz Beckenbauer als Suppenkasper.

055 C: Der Kaugummi der Trainer-Legende wurde bei Ebay für unglaubliche 500.000 Euro verkauft.

056 A: Die Spieler erhielten 2.500 Deutsche Mark, einen Fernseher, einen Lederkoffer und einen Motorroller.

057 A: Der Platz im Schwarzwald-Stadion ist 4,5 Meter zu kurz, weswegen der SC Freiburg jede Saison eine Sondergenehmigung beantragen muss.

058 C: Mit dem offiziellen Song zur WM 2010 „Waka Waka (This Time For Africa)" landete die kolumbianische Sängerin Shakira einen Riesen-Hit.

059 B: Wanderley Luxemburgo ließ nach einem Spiel bei der Pressekonferenz verlauten, dass der Schiedsrichter offensichtlich mit ihm geflirtet habe. Der Unparteiische habe immer in seine Pfeife geblasen und ihm dann besonders tief in die Augen geschaut.

060 B: Schleswig-Holstein, Thüringen und Sachsen-Anhalt sind die einzigen drei Bundesländer, die bisher noch keinen Bundesligisten stellen konnten.

061 C: Der Schiedsrichter Karl Wald war 1970 der erste, dem die Idee des Elfmeterschießens in den Sinn kam.

062 A: Der Weltmeisterpokal ist 36,8 cm hoch und wiegt 6,175 kg.

063 C: Bonn, mit circa 330.000 Einwohnern, konnte noch nie eine Bundesliga-Mannschaft ihr Eigen nennen.

064 C: Lionel Messi erzielte im Jahr 2012 in 69 Spielen 91 Tore und bereitete noch 28 weitere Tore für seine Mitspieler vor.

065 B: Dr. Markus Merk konnte die Auszeichnung 1995, 1996, 2000, 2003, 2004, 2006 und 2008 gewinnen.

066 C: Gareth Barry hat für Aston Villa, Manchester City, FC Everton und West Bromwich Albion 653 Spiele in der Premier League absolviert.

067 C: Am 16. November 1977 erzielte Klaus Fischer im Freundschaftsspiel gegen die Schweiz ein unvergessliches Fallrückziehertor, welches danach von den Sportschau-Zuschauern zum besten deutschen Tor des 20. Jahrhunderts gewählt wurde.

068 B: Der Keeper des englischen Viertligisten Newport County hat gegen Cheltenham aus 96,01 Metern (105 Yards) Entfernung getroffen.

069 B: Falkirk gegen Inverness Thistle wurde aufgrund von schlechtem Wetter 29-mal verschoben.

071 C: 76 Minuten pure Unterhaltung lieferten Marcel Reif und Günther Jauch, bis das Spiel beginnen konnte.

072 B: Ein Spiel bei der ersten Frauen-WM 1991 war 2 x 40 Minuten lang. So betrug die Gesamtspielzeit 80 Minuten.

073 A: Klaus Fischer ist mit 210 erzielten Pflichtspieltreffern Rekordtorschütze von FC Schalke 04.

074 B: Der Bau der am 19. Mai 2005 erstmals bespielten Allianz Arena war 340 Millionen Euro teuer.

075 C: Der Liberianer George Weah gewann 1995 die Auszeichnung zum FIFA-Weltfußballer des Jahres und ist bis heute der einzige Afrikaner, dem diese Ehre zuteilwurde.

076 C: Der Deutsche Fußball Bund ist mit mittlerweile mehr als 7 Millionen Mitgliedern der größte Einzelsportverband der Welt.

077 B: 1993 erschien das erste Spiel der FIFA-Reihe.

078 B: Jupp Heynckes schloss eine Stuckateur-Lehre ab.

079 A: 1972 wurde Franz Beckenbauer Europas Fußballer des Jahres, vor seinen Nationalmannschaftsteamkollegen Günter Netzer und Gerd Müller.

080 A: Masashi Nakayama schoss in der japanischen Liga 1998 in vier Spielen nacheinander drei Tore in einer Partie, also einen Hattrick.

081 B: Ronaldo schoss vier Doppelpacks bei Weltmeisterschaften, verteilt über die WM 1998, WM 2002 und WM 2006.

082 A: Am 24. März 1973 trug Eintracht Braunschweig erstmals Trikots mit einem Sponsor. Der Sponsor war Jägermeister.

084 C: Guy Roux trainierte den AJ Auxerre von 1961 bis 2005, also 44 Jahre.

085 B: Die WM 1930 wurde ausschließlich in drei Stadien in Montevideo in Uruguay ausgetragen.

086 C: José Mourinho stand im Halbfinale der Champions League mit dem FC Porto, dem FC Chelsea, Inter Mailand, Real Madrid und Tottenham Hotspur.

087 A: Der Löwe Goleo VI war das offizielle Maskottchen zur WM 2006.

088 B: Franz Beckenbauer wurde am 11. September 1945 geboren und ist Sternzeichen Jungfrau.

089 C: Die Mannschaft von Borussia Mönchengladbach wird auch „Die Fohlen" genannt. Der Spitzname „Die Fohlen" entstand 1964/65 zum einen durch das geringe Durchschnittsalter der Mannschaft und zum anderen durch die unbekümmerte und erfolgreiche Spielweise.

090 A: Im Jahr 1891 entschied das International Football Association Board (IFAB), dass ein Fußballtor auch ein Tornetz haben muss.

091 A: Mit dem AC Mailand (1993/94, 2002/03 und 2006/07) und dem Inter Mailand (2009/10) ist Mailand die einzige europäische Stadt, die zwei verschiedene CL-Sieger hatte.

092 A: Marco Reus riss sich im letzten Testspiel vor der WM 2014 das Syndesmoseband an und konnte deswegen nicht mit nach Brasilien.

093 C: Athletic Bilbao, FC Barcelona und Real Madrid mussten seit dem Bestehen der Liga 1928/29 noch nicht einmal runter in die zweite spanische Liga.

094 A: Rudi Völler musste sich aufgrund seiner Minipli-Dauerwelle mit dem Spitznamen Tante Käthe anfreunden.

095 A: Die erste Ausgabe des „Kicker" erschien am 14. Juli 1920.

097 C: Das Frauenfußballteam der DDR absolvierte nur eine einzige Partie, die man am 9. Mai 1990 mit 0:3 gegen die Tschechoslowakei verlor.

098 A: Toni Kroos ist eng mit dem Frontmann von Pur befreundet. Gerüchten zufolge kennt er alle Songtexte auswendig.

099 B: Der Flat Earth FC ist ein spanischer, unterklassiger Fußballclub aus Madrid.

100 C: Beim FC Frauenfeld startete Joachim Löw im Jahr 1994 seine Karriere als Trainer. Er agierte dort als Spielertrainer.

101 C: Jérôme Boateng erhielt bei seinem Länderspieldebüt 2009 wegen wiederholtem Foulspiel die Gelb-Rote Karte.

102 C: Der HSV-Sarg kostet 2.333 Euro und ist aus Kiefer.

103 A: Ein Fußball muss nach FIFA-Richtlinien mindestens 450 Gramm und darf maximal 490 Gramm schwer sein.

104 B: Andy Cole schoss seine ersten 50 Tore in der höchsten englischen Spielklasse in gerade einmal 64 Spielen.

105 C: „You´ll Never Walk Alone" ist das Finale des Musicals „Carousel", welches am 19. April 1945 uraufgeführt wurde.

106 A: Nur bei der WM 1958 hatten sich alle vier britischen Mannschaften qualifiziert.

107 B: Bisher ist Withaya Laohakul der einzige Thailänder, der jemals in der Bundesliga ein Spiel absolviert hat. Er bestritt 33 Spiele für Hertha BSC Berlin.

108 A: Erich Ribbeck blieb eine WM-Teilnahme als Bundestrainer verwehrt.

110 A: Die Bierleitungen auf Schalke strecken sich über 5,5 Kilometer durch das Stadion.

111 B: Bisher konnten 6 von 21 Gastgebern die Weltmeisterschaft nach Hause holen. Das sind circa 28,5 Prozent.

112 C: 5-mal wurde das CL-Finale bereits in Deutschland ausgetragen. 3-mal in München, einmal auf Schalke und einmal in Berlin.

113 A: Lothar Matthäus Anstellung bei Athletico Paranaense war nur von kurzer Dauer: Nach nur einem Monat war seine Trainerzeit in Brasilien schon wieder vorbei.

114 B: Bernd Hölzenbein ist mit 201 geschossenen Pflichtspieltoren Rekordtorschütze von Eintracht Frankfurt.

115 A: UEFA steht für Union of European Football Associations.

116 C: Bei der WM 1990 feierte der Kameruner Roger Milla alle seine Tore mit einem Makossa-Tanz an der Eckfahne.

117 C: Die legendäre Wutrede nach einem 0:1 gegen Schalke 04 ging 3 Minute und 18 Sekunden.

118 A: Zlatan Ibrahimović traf für Ajax Amsterdam, Juventus Turin, Inter Mailand, FC Barcelona, AC Mailand und Paris Saint-Germain in der Champions League.

119 B: Der Norweger Jone Samuelsen schaffte es tatsächlich den Ball mit dem Kopf aus 58 Metern ins gegnerische Tor zu befördern.

120 B: Peter Pacult erzielte in einem Altherrenspiel zwischen dem FC Bayern und 1860 München noch vor der offiziellen Eröffnung das erste Tor.

121 B: Der Ghanaer Ibrahim Sunday debütierte am letzten Spieltag der Saison 1974/75 für Werder Bremen.

123 B: Am 16. September 1937 übertrug BBC erstmals ein Fußballspiel im britischen TV. Arsenal London spielte gegen die eigene Reserve.

124 B: Genu Varum ist die bogenförmige Auswärtskrümmung eines Beins („O-Beine").

125 A: Preußen Münster stieg nach der ersten Saison 1963/64 direkt wieder in die Regionalliga West ab.

126 B: Der ideale Abwurfwinkel beim Einwurf liegt bei 30 Grad.

127 B: Rudi Völler schoss in der Saison 1981/82 für 1860 München 37 Tore.

128 C: Ryan Giggs stand im Champions-League-Finale 1998/99, 2007/08, 2008/09 und 2010/11 auf dem Platz.

129 B: Venezuela konnte sich bisher noch für keine Weltmeisterschaft qualifizieren.

130 B: CAF steht für Confederation of African Football.

131 B: Beim 7:0 Sieg vom VFB Stuttgart über Hannover 96 erzielte Michael Nusöhr das 2:0, das 3:0 und das 4:0. Alle per Elfmeter.

132 C: Mario Götze betrat in der 88. Minute den Platz und schoss Deutschland in der 113. Minute zur Weltmeisterschaft.

133 A: Mit 320 Treffern in Pflichtspielen ist Claudio Pizzaro Rekordtorschütze des SV Werder Bremen.

134 A: Als erster Spieler wechselte Andreas Thom aus der DDR-Oberliga in die Bundesliga. Am 17. Februar 1990 debütierte er für Bayer 04 Leverkusen.

135 A: Der Heidelberg United FC ist ein Vorortverein von Melbourne, Australien.

136 C: Die Bundesliga machte zur Saison 2019/20 einen Umsatz von ungefähr 3,8 Milliarden Euro.

137 A: Der Tannadice Park ist die Heimspielstätte von Dundee United. Das Stadion des Stadtrivalen Dundee FC, der Dens Park, liegt nur circa 300 Meter entfernt.

138 B: Das erste Mal wurden Gelbe und Rote Karten bei der WM 1970 in Mexiko eingesetzt.

139 A: Dynamo ist weltweit der meistbenutzte Name für einen Fußballverein.

140 B: Der Franzose Lucien Laurent schoss bei der WM 1930 in Uruguay in der 19. Spielminute das 1:0 gegen Mexiko.

142 C: Elton John war zweimal Inhaber des FC Watford.

143 B: Bafétimbi Gomis erzielte beim 7:1 Sieg gegen Dinamo Zagreb im Dress von Olympique Marseille vier Tore. Den Hattrick schnürte er in acht Minuten.

144 C: Makoto Hasebes ist nebenberuflich Schriftsteller. Sein Buch „Die Ordnung der Seele – 56 Gewohnheiten, um den Sieg zu erringen." verkaufte sich 1,4 Millionen Mal.

145 B: Nachdem bereits die WM 1934 in Europa (Italien) stattfand, wollten die südamerikanischen Mannschaften mit der Nicht-Teilnahme gegen den Austragungsort protestieren.

146 A: Attila hat eine Spannweite von 1,90 Meter.

147 A: Der AC Florenz gewann als erstes italienisches Team den Europapokal der Pokalsieger im Jahr 1961 gegen die Glasgow Rangers.

148 C: Bruno Labbadia schoss 103 Tore in der Bundesliga und 101 Tore in der 2. Bundesliga.

149 A: Horst Hrubesch schoss in der 11. Minute das einzige Tor des Abends.

150 C: Seit 2004 ist es Spielern nicht mehr erlaubt das Trikot auszuziehen, um ein Tor zu bejubeln.

151 A: Der Schiedsrichter, der das WM-Finale zwischen Deutschland und Argentinien pfiff, war der Italiener Nicola Rizzoli.

152 C: Der Berliner Fußballclub Germania wurde 1888 gegründet und ist der älteste, aktive Fußballverein in ganz Deutschland.

153 C: Der kolumbianische defensive Mittelfeldspieler Gerado Bedoya wurde 46-mal vom Platz verwiesen.

154 A: Die ersten La-Ola-Wellen bei einer WM wurden 1986 in Mexiko gesichtet.

155 C: Der FC Bayern konnte die deutsche Meisterschaft schon 30-mal nach München holen.

156 B: Australien gewann im Jahr 2011 gegen Amerikanisch-Samoa in der WM-Qualifikation mit 31:0.

157 A: Der Wert der deutschen Meisterschale wird auf etwa 25.000 Euro geschätzt.

158 B: Mit 108 erzielten Pflichtspieltoren ist Michael Preetz Rekordtorschütze von Hertha BSC Berlin.

159 A: Bisher hat sich kein deutscher Profi-Fußballer während seiner aktiven Karriere geoutet. Der einzige deutsche Profi-Fußballer, der sich nach seiner Karriere als homosexuell geoutet hat, war Thomas Hitzlsperger.

161 B: Italien flog bei der WM 1990, bei der WM 1994 und bei der WM 1998 im Elfmeterschießen raus.

162 C: Der VAR (Video Assistant Referee) wird im deutschen Sprachraum Videoassistent genannt.

163 A: AS Saint-Étienne konnte die französische Meisterschaft bereits 10-mal nach Hause holen.

164 B: Bereits nach 29 Minuten ging die DFB-Elf im WM-Halbfinale mit 5:0 in Führung. Das Endergebnis lautete 7:1 für Deutschland.

165 B: Der Rekordspieler des FC Schalke 04 ist Klaus Fichtel mit 544 Pflichtspieleinsätzen.

166 A: 1964 kam der erste Brasilianer in der Bundesliga zum Einsatz. Es war Zeze für Köln.

167 A: Ungarn konnte die olympische Goldmedaille im Fußball 3-mal ergattern (1952, 1964 und 1968).

168 A: Paraguay konnte Japan bei der WM 2010 nach einem 0:0 nach 120 Minuten mit 5:3 im Elfmeterschießen besiegen.

169 C: Der FC Sheffield aus England wurde am 24. Oktober 1857 gegründet und ist damit der älteste Fußballverein der Welt.

170 A: Der Schuss von Ronny erreichte eine Höchstgeschwindigkeit von 212 km/h.

171 A: Jens Lehmann heimste in der Saison 2006/07 acht Gelbe Karten beim FC Arsenal ein.

172 C: Nach dem Ende seiner Schulzeit folgte bei Lothar Matthäus eine Lehre zum Raumausstatter.

173 A: Ungefähr 5 Prozent aller direkten Freistöße zappeln im Netz.

174 B: Acht Spieler spielten für DFB und den DFV. Diese Spieler waren Ulf Kirsten, Matthias Sammer, Andreas Thom, Thomas Doll, Dariusz Wosz, Olaf Marschall, Heiko Scholz und Dirk Schuster.

175 B: Mauricio Baldivieso debütierte bereits mit zwölf Jahren in der ersten bolivianischen Liga.

176 C: Eric Cantona äußerte diesen etwas verwirrten Satz in Bezug auf seinen Kung-Fu-Tritt.

177 C: Rainer Bonhof wurde 1972 und 1980 ohne Einsatz Europameister und 1974 Weltmeister. Somit ist er der einzige Spieler, der bei drei Turniersiegen der DFB-Elf im Kader stand.

178 A: Wolfgang Stark hat 344 Bundesligaspiele gepfiffen und hält somit den Rekord.

180 B: Gábor Király trug fast immer eine graue Schlabberhose.

181 C: Lovers' Lane hieß die Diskothek die Günther Netzer im April 1971 in einem ehemaligen Friseurladen eröffnete.

182 A: Bengalisches Feuer erreicht Temperaturen zwischen 1.600 und 2.500 Grad Celsius.

183 A: Bisher konnte kein englischer Trainer den Premier-League-Titel gewinnen.

184 B: Pierre-Emerick Aubameyang kam am 18. Juni 1989 in Laval in Frankreich zur Welt.

185 A: Inspiration für den Namen Arminia war der Cheruskerfürst Arminius.

186 A: Brasilien brachte im gesamten Turnier 1962 nur einen Auswechselspieler und kam so auf 12 eingesetzte Profis.

187 A: Die jährlichen Bezirkskongresse der Zeugen Jehovas fanden bis 2012 im Signal-Iduna-Park statt.

188 B: Am 24. Dezember 1925 erhielt Ludwig Wacker das Patent für „Stollen für Fußball- und ähnliche Sportschuhe".

189 C: Pierluigi Collina gewann die Auszeichnung sechs Jahre in Folge (1998 bis 2003).

190 A: Der ideale Abschusswinkel für einen Ball, damit er die größte Entfernung zurücklegen kann, liegt bei 45 Grad.

191 C: Obwohl die deutschen Frauen die EM 1989 mit einem 4:1 im Finale gegen Norwegen für sich entscheiden konnten, bekamen sie für ihren Turniersieg „nur" ein Kaffeeservice aus Porzellan.

192 A: Jules Rimet war von 1921 bis 1954, also 33 Jahre, als FIFA-Präsident tätig.

193 B: Sepp Maier alias „die Katze von Anzing" wurde aufgrund seiner katzenartigen Reflexe so genannt.

194 A: Deutschland besiegte San Marino am 6. September 2006 mit 13:0.

195 B: Gerd Müller vergeigte 12 Elfmeter in der Bundesliga.

196 C: Bastian Schweinsteiger konnte den DFB-Pokal 7-mal in die Höhe recken.

197 A: Gerade einmal neun verschiedene Teams schafften es seit 1929 Meister in der ersten spanischen Liga zu werden.

199 A: Eike Immel bekam in 534 Bundesligaspielen 829 Tore.

200 C: Nur Spanien und England haben es bisher geschafft, ein WM-Finale im Auswärtstrikot für sich zu entscheiden.

201 A: Seit Gründung der Serie A 1928 ist Inter Mailand noch nie abgestiegen.

202 A: Am 15. Juni 1982 gewann Ungarn 10:1 gegen El Salvador.

203 B: Tatsächlich bekam er den Spitznamen, weil er sich neben einer Büste von Kaiser Franz I. ablichten ließ.

204 A: Uli Hoeneß holte seinen Bruder für 90.000 Euro vom VFB Stuttgart zum FC Bayern München.

205 A: Felix Magath wurde 1979 aufgrund einer Fehlentscheidung, die im Nachhinein im TV aufgedeckt wurde, zu einer Sechs-Spiele-Sperre verurteilt.

206 A: Real Madrid wurde bisher 33-mal spanischer Meister.

207 C: In Österreich ist Nackerpatzerl eine Bezeichnung für einen schlechten Spieler.

208 A: Der südamerikanische Fußballverband heißt CONMEBOL (Confederación Sudamericana de Fútbol).

209 B: Gibraltar und Kosovo wurden beide 2016 von der FIFA aufgenommen.

210 A: Am 14. Mai 1931 fand nach einem Sieg der französischen Nationalmannschaft über die englische Nationalmannschaft der erste dokumentierte Trikottausch statt.

211 C: In der ersten Liga in Madagaskar hat ein Team sich dazu entschieden, 149 Eigentore zu erzielen, um so gegen den Schiedsrichter zu protestieren.

212 C: Die Orlando Pirates ist ein südafrikanischer Fußballklub aus Soweto.

213 C: Im Gebiet Sialkot in Pakistan werden jährlich etwa 40 Millionen Fußbälle hergestellt und somit 75 Prozent aller Fußbälle.

214 A: Sadio Mané schoss 2015 für Southampton gegen Aston Villa innerhalb von 2 Minuten und 56 Sekunden drei Tore.

215 C: MacDonald Taylor von den Jungferninseln war beim WM-Qualifikationsspiel 2004 gegen St. Kitts und Nevis 46 Jahre und 180 Tage alt.

216 C: Henry Kissinger wurde in Fürth geboren. Vermutlich auch deshalb bekennt er sich zum SpVgg Greuther Fürth.

218 A: Der Abstand zwischen Freistoßschützen und Mauer muss mindestens 9,15 Meter betragen.

219 A: Youssoufa Moukoko von Borussia Dortmund war 16 Jahre und 18 Tage alt, als er seinen ersten Champions-League-Einsatz hatte.

220 B: Am 6. Juli wurde CR7 vor 80.000 Zuschauern offiziell im Santiago-Bernabéu-Stadion vorgestellt.

221 C: Nur gegen Argentinien, Brasilien, England, Frankreich und Italien hat die DFB-Elf mindestens 10 Spiele bestritten und trotzdem keine positive Bilanz.

222 C: Anschi Machatschkala ist ein russischer Erstligist.

223 A: Karl-Heinz Körbel stand für Eintracht Frankfurt 53.306 Minuten auf dem Platz. Das sind umgerechnet 5 Wochen, 2 Tage und 26 Minuten.

224 C: Lionel Messi war von FIFA 13 bis FIFA 16 Coverstar der Videospielreihe FIFA.

225 B: An besagtem Tag fanden vier Länderspiele in der britischen Metropole statt. Brasilien vs. Portugal im Emirates Stadium, Griechenland vs. Südkorea im Craven Cottage, Dänemark vs. Australien an der Lofus Road und Nigeria vs. Ghana im Griffin Park Ground.

226 C: Zur FIFA gehören mittlerweile 211 Nationalverbände.

227 A: Der englische Löwe „Willie" war das erste offizielle WM-Maskottchen bei der WM 1966.

228 A: Von 1935 bis 1943 hieß der Vorgänger des DFB-Pokals Tschammerpokal.

229 A: Sechs Tore machte Dieter Müller für den 1. FC Köln 1977 beim 7:2-Sieg gegen Werder Bremen.

230 C: Der Kreuzbandriss ist wahrscheinlich eine der schlimmsten Fußballer-Verletzungen, die man erleiden kann. Jens Nowotny zog sie sich gleich 4-mal zu.

231 B: Bei einem offiziellen Spiel mit FIFA-Richtlinien müssen sich mindestens acht Ballkinder um den Platz herum befinden.

232 B: Cristiano Ronaldo kam 1985 in Funchal, Portugal auf die Welt.

233 B: 17 Jahre benötigte die Nationalelf von Amerikanisch-Samoa für ihren ersten Sieg in einem offiziellen FIFA-Match.

234 B: Papst Johannes Paul II. wurde zum Ehrenmitglied von Schalke ernannt, nachdem er im Jahr 1987 eine Messe im damalige Schalke-Stadion gehalten hatte.

235 A: Jay-Jay Okocha ist am 14. August 1973 in Enugu in Nigeria auf die Welt gekommen.

237 A: John Terry hat mit 712 Einsätzen die meisten Pflichtspiele für den FC Chelsea hinter sich.

238 A: Beim WM-Sieg der deutschen Nationalelf im Jahr 1954 schüttete es aus allen Eimern.

239 A: Mehmet Scholl wurde mit seiner Karlsruher Sportkegel-Mannschaft deutscher Vize-Jugendmeister.

240 B: Der Wert des DFB-Pokals wird auf etwa 35.000 Euro geschätzt.

241 C: Jogi Löw ist der älteste von vier Brüdern.

242 A: Mit 159 erzielten Pflichtspieltoren ist Michael Zorc Rekordtorschütze von Borussia Dortmund.

243 C: Deutschland gewann am 7. Oktober 2000 1:0 im letzten Spiel im alten Wembley-Stadion und gewann am 22. August 2007 2:1 im ersten Spiel im neuen Wembley-Stadion.

244 A: Franz Beckenbauers Stasi-Name war Rasen 20.

245 B: Der FC Aberdeen gewann 1985 die letzte Meisterschaft, die nicht an die Glasgow Rangers oder an Celtic Glasgow ging.

246 B: Am 11. März 2020 wurde das Spiel zwischen Köln und Gladbach aufgrund des Corona-Virus unter Ausschluss der Öffentlichkeit absolviert.

247 A: Das grün-gelbe Trikot, das Pelé 1970 im WM-Endspiel in Mexiko gegen Italien (4:1) trug, wurde für die Rekordsumme von 260.000 Euro versteigert.

248 C: Der Zebratwist des MSV Duisburg wurde am 11. Januar 1964 uraufgeführt und ist somit die älteste Stadionhymne Deutschlands.

249 C: Der Spitzname der tunesischen Nationalmannschaft ist „Les Aigles de Carthage". Vom Französischen ins Deutsche übersetzt sind das die Adler von Karthago.

250 C: Im deutschen Fußball wurden Rückennummern erst zur Saison 1948/49 eingeführt.

251 C: Europameister im eigenen Land sind bisher nur Spanien (1964), Italien (1968) und Frankreich (1984) geworden.

252 C: Der HSV-Torwart Özcan Arkoç wurde am 19. August 1967 der erste Spieler der Bundesliga-Geschichte, der ausgewechselt wurde.

253 B: Oleg Salenko netzte beim 6:1 über Kamerun 5-mal und hält somit den Rekord für die meisten Tore in einem WM-Spiel.

254 B: 7-mal stellte der 1. FC Köln Deutschlands Fußballer des Jahres.

256 C: Die Regel 16 der DFB-Fußballregeln sagt dazu folgendes: Wenn der Ball nach dem Abstoß direkt ins Tor des ausführenden Spielers geht, erhält das gegnerische Team einen Eckstoß.

257 C: Peter Neururer war Cheftrainer bei Rot-Weiß Essen, Alemannia Aachen, den FC Schalke 04, Hannover 96, Fortuna Düsseldorf, Kickers Offenbach, LR Ahlen, dem VfL Bochum (2x) und dem MSV Duisburg.

258 B: Ein Fußballfeld mit 105 Metern Länge und 68 Metern Breite ist 7.140 Quadratmeter groß.

259 B: Am 7. Dezember 1963 wurde die Partie Hamburger SV gegen Borussia Dortmund wegen Nebel abgebrochen. Das passierte nochmal am 2. Dezember 1967 beim Spiel VFB Stuttgart gegen Borussia Neunkirchen und am 31. Oktober 1972 beim Spiel Eintracht Braunschweig gegen Eintracht Frankfurt.

260 C: Bei der WM 2018 wurde 12-mal das eigene Tor getroffen.

261 A: Der Spieler, der in einer Saison die meisten Tore erzielt und für einen europäischen Verein aufläuft, bekommt den goldenen Schuh als Auszeichnung.

262 A: Cristiano Ronaldo spielte in der Jugend für Nacional Funchal und er trug sechs Jahre lang das Trikot von Sporting Lissabon. Für Benfica Lissabon hat er nie gespielt.

263 B: Der Weltmeistertitel der deutschen Nationalmannschaft von 1954 ist den meisten Fans als das Wunder von Bern geläufig.

264 A: Die FIFA hat in ihren offiziellen Spielregeln von 2015/16 17 Regeln vermerkt.

265 B: Nachdem Ronaldinho 2016 und 2017 noch Spiele in der indischen Futsal-Liga absolvierte, hing er die Fußballschuhe 2018 endgültig an den Nagel.

266 B: Real Madrid überwies damals 94 Millionen Euro an Manchester United.

267 C: Huub Stevens ist bekannt für seine mürrische, sehr strenge Art. Da er auch noch zweimal den niederländischen Verein Roda JC Kerkrade trainierte, entstand der Spitzname „Knurrer von Kerkrade".

268 B: Mohamed Salah ist am 15. Juni 1992 in Basyoun in Ägypten zur Welt gekommen.

269 A: Mit 15 Titelgewinnen ist Uruguay alleiniger Rekordsieger der Copa América.

270 C: Der CA Independiente konnte die Copa Libertadores bereits 7-mal gewinnen. Der Verein liegt in einem Vorort von Buenos Aires, der argentinischen Hauptstadt.

271 A: Aufgrund einer Fehlentscheidung des Schiedsrichters sorgte die einseitige Spuck-Attacke von Frank Rijkaard für seinen eigenen Platzverwies und für den von Rudi Völler.

272 C: Zidanes Eltern sind algerische Einwanderer gewesen, die unmittelbar vor Beginn des Algerienkrieges Richtung Frankreich aufbrachen.

273 B: Jürgen Klopp konnte die Auszeichnung 2019 und 2020 als Trainer des FC Liverpool entgegennehmen.

275 B: „Pratum Coller": So ist der Name des Weinguts von Andrea Pirlo, welches sich in der italienischen Provinz Brescia befindet.

276 B: Das erste FIFA kam exklusiv für den Sega Mega Drive raus. Mit der Zeit erschien das Spiel auch für die anderen Konsolen.

277 C: Das Hauptparkhaus der Allianz Arena in München bietet Platz für 9.800 Autos.

278 C: In „Das Boot" überbringt einer der Matrosen des U-Bootes die Nachricht, dass Schalke mit 5:0 verloren hat.

279 C: Aufgrund von seiner Körpergröße von nur 1,69 Meter wird Lionel Messi von seinen Fans liebevoll La Pulga, zu Deutsch der Floh, gerufen.

280 A: Eine Beachsoccer-Partie wird klassischerweise in drei Drittel à zwölf Minuten aufgeteilt.

282 A: Der WM-Song 2014 „We Are One (Ole Ola)" wurde von dem US-amerikanischen Rapper Pitbull gemeinsam mit den beiden Sängerinnen Jennifer Lopez und Claudia Leitte veröffentlicht.

283 C: Gerald Asamoah erblickte am 3. Oktober 1978 in Mampong in Ghana das Licht der Welt.

284 C: Der 1. FC Nürnberg und Arminia Bielefeld stiegen beide jeweils achtmal in die Bundesliga auf.

285 A: Mario Balotelli hatte ein Hausschwein namens Super.

286 B: GoalControl arbeitet mit 14 Hochgeschwindigkeitskameras, mit jeweils sieben Kameras hinter jedem Tor.

287 C: Nordkorea musste sich zur WM 2010 einen eigenen Trikotsatz im Internet bestellen und beflocken, weil kein Ausrüster mit Nordkorea im Zusammenhang stehen wollte.

288 B: Cristiano Ronaldos Vater war großer Fan des ehemaligen US-Präsidenten Ronald Reagan.

289 C: Das Stadion Erster Mai in der nordkoreanischen Hauptstadt Pjöngjang bietet Platz für 114.100 Zuschauer.

290 C: Hannover 96 holte sich den DFB-Pokal in der Saison 1991/92, während sie sich in der 2. Bundesliga befanden.

291 B: Die deutsche Fußball-Liga gibt eine Grashalmlänge zwischen 25 und 28 Millimetern vor.

292 B: Andreas Möller bekam diesen Spitznamen von Lothar Matthäus am 19. April 1997, nachdem Möller erneut sehr theatralisch zu Boden ging.

293 A: Jürgen Klopp betreute den 1. FSV Mainz 05 für sieben Jahre, von 2001 bis 2008.

295 A. Gut gelaunt und immer „funny" blickt Bastian Schweinsteiger in der Werbung eines Chips-Herstellers in die Kamera.

296 B: Brasilien ist das einzige Land, welches seit der ersten WM 1930 an jedem Turnier teilnehmen konnte.

297 B: Bisher konnten nur vier Trainer 50 Siege erreichen. Die Trainer waren Joachim Löw, Berti Vogts, Helmut Schön und Sepp Herberger.

298 A: Ein Fußball in Standardgröße hat einen Durchmesser von ungefähr 22 Zentimeter.

299 C: Gleich sieben Schweizer Trikots gingen aufgrund eines Materialfehlers bei Puma kaputt.

300 B: Rudi Assauer nannte den dunkelhäutigen Gerald Asamoah zum Spaß Blondie. Die Fans übernahmen den liebevoll gemeinten Spitznamen.

301 B: Das erste offizielle Länderspiel fand am 30. November 1872 zwischen einer schottischen und einer englischen Auswahl statt.

302 B: Bei einer Dopingprobe muss ein Bundesligaspieler mindestens 75 Milliliter Urin in einen Becher geben.

303 B: Beim Swamp Soccer treten zwei Teams mit jeweils 5 Mann beispielsweise auf einem überfluteten Acker gegeneinander an.

304 A: Seit FIFA 16 kommentieren Wolff-Christoph Fuss und Frank Buschmann gemeinsam die Fußball-Simulation.

305 B: Gerd Müller gelang diese Seltenheit 14-mal.

306 B: Der Abstand zwischen Unterkante der Latte und dem Boden muss 2,44 Meter betragen.

308 C: Der erste dunkelhäutige Nationalspieler Deutschlands debütierte am 22. Dezember 1974 und hieß Erwin Kostedde.

309 C: Die Quote der getroffenen Elfmeter in den Schlussminuten liegt bei 73 Prozent.

310 A: Der legendäre italienische Glatzkopf heißt Pierluigi Collina.

311 A: Jupp Heynckes ist mit 291 erzielten Pflichtspieltoren Rekordtorschütze von Borussia Mönchengladbach.

312 B: Clarence Seedorf holte die Champions League-Trophäe mit Ajax Amsterdam, Real Madrid und dem AC Milan.

313 A: Hakan Sükür schoss das 1:0 gegen Südkorea bereits nach elf Sekunden.

314 A: Eine La-Ola-Welle bewegt sich mit circa 12 Metern pro Sekunde durchs Stadion.

315 B: Der erste DFB-Pokal wurde im Jahr 1935 vom 1. FC Nürnberg gewonnen.

316 A: Patrice Evra verlor das Champions-League-Finale 2004 mit AS Monaco, 2009 und 2011 mit Manchester United und 2015 mit Juventus Turin.

317 B: Das Höchstgewicht von Rainer Calmund betrug 172,8 Kilogramm.

318 C: Im Jahr 1974 gewann der 1. FC Magdeburg das Finale des Europapokal der Pokalsieger gegen den AC Milan mit 2:0.

319 B: Brasilien gewann das WM-Finale 1994 im Elfmeterschießen, nachdem 120 Minuten torlos blieben, gegen Italien.

321 A: 2011 brachte Victoria Beckham die erste Tochter der Beckham-Familie auf die Welt. Sie heißt Harper Seven Beckham. Den Namen Seven könnte man auf Beckhams Rückennummer zurückführen.

322 A: Sepp Maier ist mit 661 Pflichtspieleinsätzen der Rekordspieler des FC Bayern München.

323 C: Ronaldinho schmückte das Cover von FIFA 2004, FIFA 06, FIFA 07, FIFA 08 und FIFA 09.

324 A: Robert Lewandowski traf nach seiner Halbzeit-Einwechslung in der 51., der 52., der 55., der 57. und der 60. Minute.

325 C: AFC steht für Asian Football Confederation.

326 C: Der Wert der Champions-League-Trophäe wird auf etwa 50.000 Euro geschätzt.

327 A: Das Höchstalter für einen Schiedsrichter der Bundesliga liegt bei 47 Jahren.

328 B: Der Spieler mit den meisten Toren in der spanischen Liga kriegt am Ende jeder Saison den Pichichi verliehen.

329 C: Beim WM-Finale 1950 waren rund 200.000 Zuschauer live vor Ort.

330 C: Aufgrund seines Wechsels vom FC Barcelona zum Erzrivalen Real Madrid, beschmissen ihn die Fans der Katalanen mit einem Spanferkelkopf.

331 B: Wenn ein Team weniger als sieben Spieler auf dem Platz hat, muss das Spiel vom Schiedsrichter beendet werden und mit 3:0 für die andere Mannschaft gewertet werden.

332 B: Der FC Bayern München hat mit knapp 300.000 Mitgliedern die meisten Mitglieder aller Sportvereine weltweit.

E-Book geschenkt

Mehr dazu auf Seite 151.